난 그렇게 죽었다

난 그렇게 죽었다

첨탑은 중세교회나 사원의 뾰족한 탑을 가리킵니다. 예부터 경건한 신앙인들은, 전능하고 엄위하신 하나님과 피조물인 인간이 만날 수 있는 장소를 형상화하여, 하나님께 좀 더 가까이 가고자 하는 열망의 표현을 그 **첨탑**에 담았던 것입니다. 도서출판 **첨탑**은 경건한 신앙 성장 생활화를 위한 책을 펴내는 데 힘쓸 것입니다.

난 그렇게 죽었다

| 옥광석 지음 |

도서
출판 **첨탑**

dedication

이 책을 존경하고 사랑하는
동도교회 모든 장로님들과 성도님들께
바칩니다.

글을 시작하면서

　동도교회에서 2010년 10월 23일에 위임식을 마치고, 2011년 첫 주일부터 느헤미야를 본문으로 하여 설교를 시작했습니다. 부임 초기 교회를 위해 기도하는 중에 성령께서 느헤미야에 대한 감동을 주셨습니다. 본문을 펼치고 성령께서 깨닫게 하시고 은혜 주시는 대로 설교를 준비하여 매 주일마다 1부 예배부터 4부 예배까지 말씀을 전했습니다. 그리고 9개월 뒤에 총 32편에 달하는 느헤미야 설교를 마치게 되었습니다. 느헤미야 본문을 붙들고 설교를 준비하는 9개월 동안 가슴 아픈 사연들이 많았습니다.

　이윽고 두 번의 봄, 여름, 가을, 겨울이 지났습니다. 그러나 2012년 11월에 뜻하지 않는 더 큰 시련이 제게 다가왔습니다. 제 목회사역에 불만을 품고 있던 장로 몇 분이, 저를 제명해 달라고 노회에 탄원서를 제출하였던 것입니다. 직통 계시를 전한다는 등의 어처구니없는 탄원이었습니다. 이에 저도 시찰회에서 조사를 받았습니다. 그런데 이번에는 더 나아가 그 몇 분들이 노회에 저를 정신병자로 몰아 고소장을 제출해 버린 것입니다. 그 후부터 노회에서 구성된 조사위원들로부터 조사를 받는 가슴 아프고 어처구니없는 상황까지 접하게 되었습니다. 그동안 벌어진 일들을 어떻게 말로 다 표현할 수 있겠습니까?

　결국 모대학병원에 가서 그 수치스러운 '임상심리정신신경검사'를 6시간 동안이나 받았습니다. 주님의 십자가와 성도들을 바라보며 이 어처구니없는 일들이 하루 속히 해결되기를 바라며, 진료와 검사를 받았던 것입니다. 그 자리는 수치와 수모의 자리였습니다. 그러나 십자가의 예수님과 성도들만 생각하며 받았습니다. 목자는 양떼를 위해 목숨을 바치기 때문입니다.

이렇게 개인적인 시련과 교회적인 시련을 맞을 무렵, 부임 초기에 설교했던 느헤미야 본문 설교가 떠올랐습니다. 이후 그 설교 문을 꺼내어 한 편씩 읽어 가면서 선지자 느헤미야와 혼연일체가 되었고, 또 읽을 때마다 불탄 예루살렘 성벽을 수축하는 지도자 느헤미야와 유다 백성들을 통해 힘과 용기를 얻을 수 있었습니다.

이에 2011년 9개월 동안 주일강단에서 성도들과 함께 은혜를 받았던 느헤미야 설교를 책이라는 매체를 통해 함께 은혜를 나누고자 출판하게 되었습니다. 이를 통해 혹시 저와 흡사한 억울함과 고통을 당하는 목회자와 제가 섬기는 교회와 같은 유사한 어려움에 직면한 교회와 성도들에게 조금이나마 도움이 되었으면 좋겠습니다.

1부에서는 사랑의교회를 사임할 때부터 동도교회에 부임하기까지 7년의 기간을 나름대로 정리해 보았는데, 이 7년은 쓰러진 나를 세워준 한 편의 드라마와 같은 잊을 수 없는 귀한 시간이었기 때문입니다. 사랑의교회를 왜 떠나게 되었고, 이후 7년이란 기간을 어떻게 보냈으며, 어떻게 동도교회로 부임하게 되었는지 한번 정리해 보았습니다. 독자들께서 저자를 이해하는데 많은 도움이 되리라 생각합니다.

2부와 3부에서는 36편의 느헤미야 본문 설교 중 절반을 실었습니다. 2부, 3부에서 각각 여덟 편의 설교를 실었습니다. 기회가 되면 나머지 설교도 책을 통해 나누려고 합니다. 내용의 편집상 1부는 개인의 고백적인 내용이므로 구어체로 하여 독자에게 친근감 있게 표현했고, 2-3부는 강단에서 선포한 설교이므로 경어체로 강단에서의 표현을 그대로 사용했습니다. 아무쪼록 이 글들이 절망 중에 있는 분들에게 큰 힘과 용기가 되었으면 합니다.

"고난당한 것이 내게 유익이라"(시 119:71).

2013. 3. 28. 고난주간에

옥광석 목사 배상

목 차

라고 당부를 하셨다. 그러면서 대뜸 하시는 말씀에 나는 너무 놀랐다, "옥 목사, 누가 후임으로 오는지 알아. 옥 목사 처남이야." 세상에, 미국에 1.5세로 50대 초반 목사가 얼마나 많은데… 처남이 후임으로 온다고 하셨다. 우리 부부는 큰 충격을 받았다. 물론 기분 좋은 일이지만, 내게는 어서 속히 사역지를 찾아 나가란 말로 들렸다. 사노라면 정말 희한한 일도 겪는다.

06

저, 동도교회 어 장로입니다

'욕래조 선수목'(慾來鳥 先樹木)이란 말이 있다. 새가 날아오기를 바라거든 먼저 나무부터 심으라는 말이다. 나무도 심지 않고 새가 날아오기만을 기다리는 사람들이 많다. 당장의 상황과 환경이 좋지 않아도 포기하거나 안주하지 말고 열심히, 꾸준히 노력하면 기회가 찾아오고 인생이 달라질 것이다.

6개월 후에 큰 처남이 후임으로 부임했다. 나는 선임 부목으로 최선을 다해 섬겼다. 후임 목사님도 나름대로 적응을 잘 하셨다. 교회는 부흥되고, 새 성도가 계속 불어났다. 참 기뻤다. 그러던 어느 시점에, 이제 이 교회에 계속 있는 것이 담임목사님과 교회에 큰 부담이 된다는 생각이 들었다. 이 생각에 아내도 동의를 했다. 이후 진로를 놓고 본격적으로 아내와 함께 기도를 했다. 담임목회지를 놓고 기도를 했다. 그때 한국으로 가고 싶은 열망이 내 안에 있다는 것을 깨달았다. 헤브론교회에서 후임을 청빙하면서 1.5세를 택하는 모습을 보면서, 1세인 내가 계속 이민교회에 남아 있으면 온전한 사역을 펼치기 힘들겠다는 생각도 하게 되었다. 1세는 언어와 문화의 한계 때문에 날개 꺾인 사역을 할 수밖에 없을 것이다. 그렇다고 한국에서 나를 오라는 교회도 없었다. 구하고 찾고 두드리는 수밖에 없었다.

무엇보다 아내의 동의가 필요했다. 아내에게 솔직하게 말했다. 그랬더니 아내는 의외로 쉽게 동의를 해주었다. 그렇다면 한국에서 담임목회지를 한 번 찾아보라고 했다. 그러면서 하는 말이 이번에 찾지 못하면 미국에서 살기로 하자고 다짐을 했다.

그러던 어느 날이었다. 아마 2009년 1월말인 듯하다. 주일 예배를 마치고 아내가 내 사무실에 들어오면서 신문을 보다가 한국의 어느 교회에서 담임목사 청빙 광고가 났다며 보여주었다. 동도교회 광고였다. 교단적으로 꽤 명성 있는 교회였다. 미국서 오래 산 아내는 이 교회가 어떤 교회인지도 잘 몰랐다. 아무 생각 없이 그냥 이력서를 구비하여 보냈다. 100% 안될 것이라는 확신을 가지고 이력서를 보낸 것이다. 마감이 2월 말이었다. 그것으로 끝이었다. 연락이 올 것이라는 기대는 꿈도 꾸지 않았다. 이 정도 규모의 교회에서는 내정된 상태에서 형식적으로 청빙 광고를 내는 것이 비일비재했기 때문이다. 그냥 기도하면서 두드려 본 것뿐이었다. 처남도 미국 내 몇 교회를 추천해 주었다. 고마웠다. 그러나 내 맘은 한국으로 가 있었다.

그러던 어느 날 4월 초인가 싶다. 월요일 오전에 집에 있는데 전화가 왔다. 아내가 받으니 내게 온 전화라고 했다. 동도교회에서 온 전화였다. 전화를 받고 누구시냐고 물으니, 동도교회 청빙위원장

어수영 장로님이시란다. 그러면서 청빙 지원한 목사님들을 만나러 미국을 방문하는 김에 시카고도 들러서 나를 만나보고 싶다고 하셨다. 그리고 또 연락하겠다고 하시면서 전화를 끊었다. 아내와 나는 서로를 쳐다보면서 이게 웬일인가 싶었다.

100% 안 된다고 생각했는데, 동도교회에서 전화가 온 것이다. 며칠 후 어 장로님께서 다시 전화를 주셨다. 시카고 방문 일정이 5월 14일과 15일 양일간으로 잡혔다고 하시면서, 금요일 저녁예배에 참석하여 내 설교를 듣고 싶다고 하셨다. 그러나 은밀히 이 일을 진행해 달라고 부탁하셨다.

5월 14일 청빙위원들이 머무는 공항 근처 호텔로 갔다. 호텔 로비 입구에서 만났다. 네 분 장로님이 함께 오셨다. 고향에서 오신 형님들 같았다. 장로님 네 분과 우리 부부가 저녁 식사를 함께 했다. 일종의 인터뷰였다. 식사를 하면서 여러 가지를 물으셨다. 특별히 1.5세인 아내와 세 자녀 교육에 대해서 많은 질문을 하셨다. 또한 장영춘 목사님과 옥한흠 목사님 밑에서 목회지도를 받은 부분에 대해서도 많은 대화를 나누었다. 미국에 있는 청빙 후보자 중에 몇 분을 만나는데 나도 그 중에 포함되어 있다고 하셨다. 나는 부족한 저를 시카고까지 찾아와 주신 것만으로도 황송하고 감사한데 청빙되지 않아도 괜찮다는 말씀을 드렸다.

나도 청빙위원님들에게 몇 가지 질문을 드렸다. 한국에 기라성 같은 목사님들이 많은데 왜 나 같은 무명의 목사에게 관심을 가지시는지, 또 뿐만 아니라 대단한 목회의 업적도 없고, 특별히 담임목사의 경력도 없는 부족한 목사에게 관심을 가지는지에 대해 질문을 드렸다. 그랬더니 한 마디로 바른 목회를 지향하는 목사를 찾고 있다는 말씀을 하셨다. 어찌되었건 무척 고마웠다. 나 같은 부족한 목사에게도 관심을 갖고 네 분 장로님께서 이렇게 멀리 시카고까지 친히 찾아오신 것이 참으로 황송하고 감사했다.

화기애애한 분위기 속에서 저녁을 먹고 헤어졌다. 다음 날 저녁 금요예배 시간에 네 분이 몰래 참석하셔서 설교를 듣고 떠나셨다. "목사님, 기도 많이 하세요."란 말씀만 남기고 떠나셨다. 그 날 이후 조금 기대는 했지만, 그렇게 큰 기대는 하지 않았다. LA로 가서 또 다른 후보자를 만나보신다는 말씀을 들었기 때문이다. 명성 있는 교회니 얼마나 대단한 목사님들이 관심을 가지고 있을지 뻔한 일이었다. 그리고 몇 개월 동안 특별한 연락도 없고 해서 청빙은 끝난 것으로 여겼다. 그런데 접으려고 하면 또 전화가 와서 기다려 달라고 했다. 또 접으려고 하면 또 기다려 달라는 연락이 왔다. 청빙 과정이 내가 생각하기에는 이상했다. 이런 경우도 있나 생각되었다. 어쨌거나 모든 것을 하나님께 맡기고 기도하면 말씀 속에서 주님의 인도하심을 찾으리라 확신하고 애를 썼다.

헤브론교회에 후임으로 온 큰 처남인 새 담임목사님도 나의 진로에 대해서 많은 관심을 가져주었다. 어쨌든 고마웠다. 그런데 평소에 나를 좋은 시각으로 보지 않던 어느 한 분이 당회에서 힘을 얻게 되었다. 그 때문인지 옥 목사가 헤브론교회에 있는 것은 교회 사역에 걸림돌이 된다는 소문이 파다하게 나돌았다. 처남도 나를 계속

감쌀 수만 없는 형편이었을 것이다. 충분히 이해한다. 그해에 나머지 장로님들은 정년으로 은퇴하시고 이 장로님 한 분만 당회에 남게 되었다. 그 큰 교회 당회에 장로 한 분과 당회장 목사만 남은 것이다. 새 담임목사의 목회적 선택의 폭이 그만큼 좁아질 수밖에 없었던 것이다. 하지만 나는 이런 저런 말에 신경을 쓰지 않고 심방과 제자훈련에만 집중을 했다. 그 해 여름 전후로 정말 심방을 엄청나게 했다. 쓸데없는 말에 마음을 빼앗기지 않으려면 일밖에 없었다.

여름이 지나고 가을 사역이 시작되는 9월에 옥 목사가 해임될 것이라는 소문이 교회 내에 파다하게 퍼졌다. 뉴저지의 기근이 떠올랐다. 이래저래 2009년 여름은 시카고에서 겪은 가장 무더운 날이었다. 아내와 함께 40일 작정 새벽기도를 했다. 말씀과 기도로 하루하루를 보냈다. 기도는 우리 부부의 산소통이었다. 믿음으로 모든 상황과 사건을 바라보려고 힘썼다. 가능한 한 우리 입장보다는 교회의 입장과 담임목사의 입장에서 모든 상황을 바라보려고 애를 썼다.

이때 자주 찾은 곳이 글렌코비치다. 미시간 호수 변 중 내가 가장 사랑하는 곳이다. 그리고 집 근처에 있는 키와니스 공원이었다. 그곳에 새벽과 오후에 가서 자주 기도하고 묵상을 하며 성령님의 인도하심을 구했다. 한편으로 생각해 보았다. 헤브론교회에서의 만 5년간 정말 최선을 다해 교회를 섬겼다. 그 결과가 이것 밖에 되지 않는다고 생각하니 참으로 허무했다.

그러나 내가 가야 할 이 길이 주님이 원하는 길이라면 기꺼이 가는 수밖에 없었다. 나는 이 문제를 놓고도 주님께 더 기도하는 수밖에 없었다. 새벽 제단에 엎드려 기도할 때마다, 말씀을 펴고 사무실에서 묵상할 때마다 성령님께서 말씀으로 위로해 주시고, 인도해 주셨다. 그 힘으로 하루하루를 견뎠다.

우리 부부는 앞으로의 진로를 놓고 기도하는 중에 교회의 유익을 위해서 지금 사임하는 것이 좋겠다는 결정을 내리고, 2009년 10월에 사임을 했다. 서울에서 진행 중인 청빙은 아직 결론이 나지 않은 상태였다. 두 곳에서 담임목사 청빙 제의가 왔다. 그러나 나는 아직 동도교회 청빙 문제가 결론이 나지 않은 상태에서 다른 교회와 접촉하는 것은 도의적 결례라고 생각했다.

헤브론교회를 사임하는 날, 어느 성도님은 사무실로 찾아와 이렇게 말씀하셨다. "목사님, 떠날 때 뒤돌아보면 소금 기둥 된답니다. 떠날 땐 뒤돌아보지 마시고 앞만 보고 가세요." 나도 그렇게 생각했다. 새로운 목적지를 향해 떠나는 자는 굳은 의지와 기대를 가지고 항해해야 한다. 그동안 정들었던 사람들이 닻을 올리는 내 팔을 머뭇거리게 만든다. 사람이기에 만감이 교차했다. 세상만사 만나면 떠나고, 떠나면 다시 만나는 것이 이치이기 때문이다. 억제의 정을 누르고 또 다른 목적지에서 만나게 될 사람들에게 그 사랑의 마음을 쏟으리라 마음먹었다.

나는 목회자이기 전에 사람이고 싶다. 슬프면 울고, 기쁘면 웃는 그런 사람이고 싶었다. 만 56개월 224주 1,680일 동안 정박해 있던

시카고 항구를 떠나 하나님께서 인도하시는 또 다른 곳으로 떠나야
했다. 나는 그곳이 어디인지 몰랐다. 예전에도 그랬던 것처럼 오직
믿음으로 하나님께 모든 것을 맡기며 가겠다는 심정으로 정든 헤브
론교회를 떠났다.

그 옛날 지중해를 항해하던 사도 바울이 떠올랐다.
"석 달 후에 우리가 그 섬에서 겨울을 난 알렉산드리아 배를 타
고 떠나니 그 배의 머리 장식은 디오스구로라"(행 28:11).
파선의 고난을 딛고 바울과 승객 276인은 이듬 해 봄 멜리데 섬
을 떠났다. 로마행 배의 이름은 알렉산드리아였고, 그 배의 머리 장
식은 디오스구로였다. 멜리데 섬은 바울에게 특별한 의미가 있었
다. 구원의 현장이었으며, 새로운 출발의 디딤돌이었고, 안식처였
다. 바울이 탄 배는 지중해에서 광풍을 만나 14일 동안 방향을 잃고
표류했었다. 파선 직전 멜리데 섬 앞에 닻을 내렸다. 구사일생으로
바울과 승객 전원은 멜리데 섬에 안착하였다. 이곳에서 바울은 특
별한 능력을 행했다. 그래서 원주민에게 큰 대접을 받고 승객 전원
은 칙사 대접을 받아 그 긴 겨울을 지냈다. 이 때가 10월말, 11월 초
였다. 다음 해 봄 바울이 탄 배는 로마를 향해 닻을 올렸다. 하나님
은 당신의 사랑하는 종이나 백성을 벼랑 끝에서 구원하신다. 바울
이 그랬다. 14일의 표류 끝에 기적 같은 하나님의 구원의 손길을 경
험했다. 그러기에 멜리데는 바울에게 기적의 현장이었다. 이제 바
울은 기적의 현장을 떠나 꿈에도 그리던 로마로 떠나게 되었다. 승

객 전원과 바울이 알렉산드리아호에 탑승하여 출항을 기다리고 있었다. 이제 선장의 신호가 떨어지기만 하면 배는 닻을 올리고 로마로 출항할 것이다. 이러한 바울의 심정 속으로 뛰어 들어가 본다. 초봄 차가운 바닷바람이 바울의 온 몸을 휩쌌을 것이다. 바울은 심정은 성령과 말씀으로 불타올랐을 것이다. 로마의 황제에게 십자가를 전하기 위해 죄수의 신분으로 바울은 로마에 입성하게 될 것이다.

나에게 시카고란 바로 바울이 경험한 멜리데였다. 기적의 현장이요, 구원의 현장이요, 안식의 현장이었다. 또한 로마 입성을 위해 좀 더 연단 받는 고난의 현장이었다. 무엇보다 원주민들과 함께한 아름다운 관계는 잊을 수 없었을 것이다. 내가 시카고에서 만난 사람들은 대부분 순박하고, 주님을 사랑하고, 겸손하며, 단순하고, 작은 일에서도 기쁨과 만족을 찾고, 타인의 허물을 덮어주는 사랑이 넘치는 사람들이었다. 이들의 순수함에 매료되어 많은 인생 공부를 했다고 생각한다.

이사 준비로 2009년 11월이 금방 지나갔다. 시카고의 가을은 눈이 부시도록 아름답다. 11월말까지 그림 같은 교회 사택에서 나가야 하니 집을 찾는 것이 우선 급했다. 그것도 타운 내에서 이사할 집을 찾아야 했다. 그렇지 않으면 세 자녀가 학기 중에 모두 학교를 옮겨야 했다. 세 자녀는 자신이 다니던 학교를 무척 좋아했다. 시카고를 그렇게 사랑했고, 또한 그때 살던 집과 타운을 너무 좋아했다.

이런 자녀들을 데리고 또 이사를 해야 한다고 생각하니 자녀들에게 미안한 마음이 들었다. 11월 한 달 동안 이사 갈 곳을 물색했다. 이사철이 아니어서 찾기가 힘들었다.

그러던 어느 날, 큰 아이가 다니던 고등학교에 차로 데려 주다가 임대한다는 표지판(for rent sign)을 보게 되었다. 딸아이가 다니는 학교에서 아주 가까운 거리였다. 집이 허름했지만 그게 문제가 아니었다. 하나님께서 예비한 집이라고 확신했다. 12월초에 입주하기로 계약을 했다. 계약금과 선금을 주고 나니 돈이 바닥이었다. 그러나 염려하지 않았다. 주님께서 다 채워주실 것이라는 믿음이 있었다. 그해는 사랑의교회를 사임하고 믿음의 항해를 시작한지 6년째다. 그 동안 하나님께서 필요할 때마다 다 채워주셨다. 1년간 집을 계약하고 나니 마음이 편했다. 이제 한 주만 있으면 정들었던 집을 떠나는데, 2년 6개월 동안 이 집 때문에 정말 행복했다. 당시의 심경을 〈옥목사 큐티〉에 이렇게 적어놓았다;

〈시카고에서 다섯 번째 맞는 겨울은 길고도 추웠다. 추운 날씨는 그럭저럭 견딜 만했다. 그러나 거의 매일 봐야 하는 하얀 눈은 마치 정신병동 의사의 하얀 가운 같았다. 언제 이 지긋지긋한 하얀 가운을 벗을 수 있을지. 그래도 눈은 아름답다. 한 자매는 더 이상 시카고의 이 겨울을 견딜 수 없어 동부로 이사 가야 할 것 같다며 목사인 내게 상담을 받으러 왔다. 그녀가 겪는 지루한 혹한의 겨울은 우울을 자아낼 뿐 아니라 지난 날 자신에게 닥친 예상치 못한 고통의 순간을 대면하게 만들었다. 그녀의 남편은 교통사고로 사망했다. 그 아픈 상처의 흔적으로부터 탈출하기 위해 시카고로 이사를 왔다. 게다가 실직의 고통까지 겹쳤으니 살맛을 잃은 것은 당연한 일일 것이다.

마라의 여정을 통과하고 있다. 긴 겨울의 중반 한국서 날아온 한 통의 전화는 나를 더욱 움츠러들게 만들었다. 모친의 건강이 날로 약화된다는 소식이었다. 2년 전 암 수술을 받고 이제야 약한 몸을 추스르고 계신 아버님께서 어머니의 병세를 알려주셨다. 당장에라도 달려가고 싶었지만 그럴 순 없었다. 겨울의 지루함, 혹한, 그리고 폭설에서 탈출하는 데는 일이 최고였다.

그러던 2010년 1월 어느 날, 가슴 아픈 충격적인 이야기를 듣고 한 며칠은 요즘 한국서 가수 백지영이 불러 공전의 히트를 친 '총 맞은 사람처럼' 가슴 아파하며 멍하니 보내기도 했다. 사람은 믿을 수도 있지만, 동시에 믿지 못할 존재다. 겨울이 떠날 무렵엔 자동차 엔진에 이상 신호를 알리는 노란불이 켜지고, 집안의 오물을 퍼 올리는 sewer tank는 작동을 멈추었다. 추운 겨울 자동차 고치랴, sewer tank motor 수리하랴, 분주한 일상을 보내었다. 눈보라가 세차게 부는 밤이면 간혹 찾아오는 부정의 방청객들과 싸우며 밤잠을 간혹 설쳐댔다.

2월 19일을 맞았다. 시카고에 입성한지 만 4년째 되는 날이었다. 아내와 파네라(panera)에서 뜨거운 light coffee를 마시며 조촐한 기념식을 가졌다. 우리의 인생 여정 속엔 그려 놓지 않은 도시 시카고. 하나님께서 우리 몰래 그려놓은 땅 시카고. 이 도시에서 우리는 앞으로 펼쳐질 인생 여정의 손익계산서를 두들겼다. 겨울의 끝과 봄의 시작을 알리는 3월 5

일도 여지없이 찾아왔다. 재도미(再渡美) 5년을 맞는 기념일. 믿음의 모험으로 출발한 60개월의 여정을 하나씩 되짚어가며 희망이라는 봄의 흔적을 찾아가기 시작했다.

2004년 3월 5일, 일곱 개의 검정 이민 가방을 들고 우리 식구 다섯은 뉴욕 JFK 공항에 도착했다. 비가 부슬부슬 내리는 초봄. 서울서 인터넷으로 집을 계약하고 뒤돌아보지 않고 태평양 망망대해로 뛰어 들었다. 안정된 삶을 뿌리치고 떠나는 우리를 향해 어떤 사람은 위험하다고 말렸고, 어떤 이들은 미쳤다고까지 했다. 그렇게 시작한 재도미 5년은 우리 부부가 경험한 인생 최고의 혹한기며, 가장 위험한 믿음의 모험이었다.

그 옛날 남극대륙으로 들어갔던 어네스트 새클턴 경이 생존의 사투를 벌이기 위해 빙판으로 뒤덮인 험난한 남극의 산을 넘어야 했던 것처럼, 우리도 몇 개의 높은 빙산을 넘어야 했다. 5년의 세월이 흘러 우리 부부는 인생 지도에도 없는 시카고에서 또 다시 봄을 맞고 있다. 겨울과 봄의 경계선이 불명확한 시카고에서는 아직도 날씨란 녀석이 겨울인지 봄인지 분간할 수 없다. 겨울 내내 목에 두르고 다닌 검정 목도리를 지금도 두르고 다닌다. 언제 또 찬바람이 불어 닥칠지 모르기 때문이다. 변덕스런 날씨가 오늘 또 어떤 춤을 출지 아무도 예측할 수 없다. 그래서 사람들은 시카고를 바람의 도시라 부른다. 내일이면 벌써 봄의 중반부인 4월인데도 눈앞에 펼쳐진 쌓인 눈은 봄과 겨울의 혼전 양상을 보이고 있다. 나의 복잡한 심경을 대변하는 듯하다. 어디 계절만 혼전 양상을 보이는 것이 아닐 게다. 살다 보면 인생의 여정 속에서도 불투명한 미래 때문에 혼전의 시간을 맞기도 한다.

시카고에도 봄은 오는가? 얼었던 미시간 호수가 녹고, 눈 덮인 푸른 잔디는 하얀 옷을 벗고, 대지를 푸른 새싹으로 수놓고, 매서운 바람이 따스한 온기로 변화되는 봄이 과연 시카고에도 온단 말인가? 시카고에선 예측하기 힘들어 보인다. 인생의 봄 역시 예측하기 힘들다. 경계선이 불분명하고, 시점을 파악하기 힘들다. 그럼에도 불구하고, 인생의 봄은 추운 혹한기를 뚫고 반드시 찾아온다. 내 안의 믿음 때문이다. 인생의 봄은 그냥 기다리는 것이 아니라 끝없는 투쟁을 통해 얻게 되는 것이다. 매우 힘겨운 기다림의 시간을 통과해야 봄의 환희를 만끽할 수 있다.

우리 가족의 인생 지도 밖에 있었던 미지의 도시 시카고. 지금도 이곳에 적응이 되지 않아 가끔 투덜대기도 한다. 지루함, 혹한, 폭설, 예측 불허의 바람. 그러나 이런 봄의 불투명 속에서도 시카고를 믿는다. 우리 가족은 이 혹한의 시간 동안 눈에 보이지 않게 믿음이 성장했다. 인생 챔피언 시카고가 쉴 새 없이 내미는 혹한이라는 잽과 강펀치를 견디며 얻어낸 보상이다. 아직 정상의 자리는 멀어 보인다. 아니, 어쩌면 정상의 자리에 오르지 못할 수도 있다. 승리는커녕 코너에 몰려 죽도록 얻어맞다가 KO 패를 당할 수도 있다. 그래도 인생 챔피언 시카고에서 보낸 4번의 혹한기를 결코 후회하지 않는다. 시카고의 혹한은 나를 더 강하게 만들어준 인생 챔피언이기 때문이다. 도전자인 나는 챔피언이 쉴 새 없이 날리는 잽과 강펀치를 견뎌야 했다. 그래야 코너로 몰려 처참하게 패배하지 않기 때문이다. 링에서 스텝이 엉키든지, 스텝이 잘 움직이지 않으면 승부는 벌써 끝난 것이다. 그래서 난 계속 발을 움직여야 했다. 더 이상의 실패는 용납되지 않기 때문이다.

겨울의 혹한기를 지나지 않고 봄의 따스함을 맞을 수 있을까? 그럴 수는 없다. 십자가의 고통을 통과하지 않고 부활의 환희를 맞이할 수 없는 것과 같다. 십자가가 없는 부활은 가짜고 사기다. 진정한 봄의 향연은 혹한의 겨울을 통과한 자만이 얻을 수 있는 영광의 면류관이다. 봄을 통해 겨울로 가는 것이 아니라, 겨울을 통해 봄으로 가는 것이다. 시카고의 혹한은 이제 나를 강한 도전자로 만들어가고 있다. 세상은 쭈뼛쭈뼛 날을 세운 채 꽁꽁 얼어붙은 미시간 호수의 얼어붙은 얼음 파도 조각과 같다. 혹한기를 지나야 인생과 신앙을 논할 수 있는 여유로움을 맞을 수 있다. 커피 한 잔 들고 시끌벅적 떠들어대는 그런 여유로움이 아닌 진정한 삶의 여유로움 말이다.

혹한기를 뚫어야만 만개하는 봄꽃(春花)들이 더욱 아름다워 보이는 것은 바로 이런 이유 때문일 것이다. 시카고의 혹한에 고개 숙여 감사한다. 봄의 여유로움이 앞에 놓여있다. 혹한의 겨울을 지난 자는 모두 그럴 만한 자격이 다 있다. 시카고의 봄을 즐기자. 시카고에서 삶의 무게와 중후한 인생의 깊은 맛을 느꼈다. 이제 목사다운 목사가 되어 가고 있음을 조금씩 느끼고 있다. 목사는 책상에서 만들어지는 것이 아니라 인생 광야에서 만들어진다는 사실을 진하게 느끼고 있다.〉

지금 다시 이 글을 읽어보니 그때의 복잡했던 심경과 도전의식이 다시 떠오른다.

2009년 12월 초에 이사를 했다. 액자 정리를 했다. 소중한 추억이 담긴 사진들을 보면서 액자를 닦았다. 그 사이에 빨강 리본이 하나 붙어 있는 액자를 발견했다. 보기도 흉해서 리본을 풀어서 버리려고 하는데 글귀가 눈에 띄었다. 'enjoy the little things.' (작은 것들이라도 즐겨라). 마음에 와 닿았다. 어쩌면 지금 액자를 정리하고 있는 이 사소한 시간이 소중한 일인 줄도 모른다. 언제 이런 일을 해 보겠는가? 이삿짐을 정리하는 일을 즐기기로 했다. 가구를 옮기고, 가구를 재배치하고, 방문 틈 사이로 들어오는 바람을 막기 위해 weather seal을 잘라 붙이고, 나사 풀린 의자를 다시 조이고, 순간접착제를 붙이고, 이사 중 페인트가 묻은 피아노를 닦고, 이 모든 일들이 참으로 소중하게 다가왔다. 크고 놀라운 일들만 즐기는 것도 필요하지만, 이처럼 작고, 보잘것없어 보이는 작은 일들도 즐길 수 있다면 그것이 행복과 감사라고 생각한다.

일상 속에 다가오는 작은 일들도 소중히 여기며 즐겨야 한다. 크고 화려한 것에만 눈길을 두지 말고, 작고 하찮아 보이는 일들에도 늘 관심과 눈길을 주어야 한다. 예상외의 행복과 기쁨이 찾아올 것이다. 'Enjoy the little things!'

07

하나님께서 허락하신 안식년

"성공이란 뒤가 아닌 앞을 바라보는 사람, 이미 망쳐 버린 일을 되돌릴 수 있는 것처럼 지난 옛 모험에 머무르려고 애쓰지 않는 사람, 하나님이 새로운 시작을 주실 것을 기다리는 사람에게는 언제나 가능한 일이다." -폴 트루니에

2009년 10월에 헤브론교회를 사임하고, 12월에 새 집으로 이사했다. 그리고 2010년 10월 5일에 동도교회 담임목사로 청빙을 받아 다시 서울로 떠났으니 약 1년간 이 집에 머문 것이다. 이사를 한 이후 당장 닥친 문제는 생활비였다. 사임하면서 받은 것이라고는 한 달 치 사례금인 2,300불이 전부였다. 그러나 구하면 하나님께서 다 채워주신다고 믿었다. 내 믿음의 항해에서 그것을 체험했기 때문이다. 당장 새벽기도 나갈 교회부터 정해야 했다. 한 15분 거리에 제법 규모가 큰 한인교회가 있었다. 본당이 넓어 기도하기에도 안성맞춤이었다.

돈 걱정하는 아내를 위해 매일 새벽제단에 나가 일용할 양식을 구했다. '일용할 양식을 주옵시며' 라는 주기도문의 문구가 그렇게 절실한 때였다. 그러자 하나님께서 이런저런 분들을 통해서 수시로 까마귀를 보내주셨다. 생각지도 않은 분들, 지인들로부터 일용할 양식이 공급되었다. 까마귀를 통해 도우시는 선한 하나님의 손길을 체험하게 되었다.

그러던 어느 날, 뜻하지 않은 희소식이 들려왔다. 동도교회에서 장학금 명목으로 월 3천불씩 보내주겠다는 소식이었다. 내가 헤브론교회에서 사임한 소식을 듣고 청빙위원들이 취한 조치였다. 참 감사했다. 아직 정식 청빙도 되지 않았는데 이렇게 귀한 선물을 받게 되어 너무 감사했다. 하나님께서 지금까지 6년 간 믿음의 항해를 하는 수고의 대가로 주시는 특별한 보너스와 안식년이라고 생각했다. 그러나 그때는 청빙이 완전히 결정 나지 않았다. 생활의 여유는 없었지만, 하나님께서 은혜로 마련해 준 집에서 감사하며 믿음으로 지냈다.

특별히 할 일 없이 지내던 이 시간 동안 우리 부부의 기쁨은 세 자녀였다. 자녀들이 모두 행복해했다. 아침마다 자전거를 타고 학교를 가는 자녀들의 뒷모습을 바라보는 것이 일상의 기쁨이었다. 자녀를 학교에 보내고 우리 부부는 매일 안방에서 경건의 시간을 가졌다. 주님의 뜻만 이루어지도록 기도했다. 그리고 그 뜻에 늘 순종하는 삶을 살게 해 달라고 기도했다. 경건시간을 마치면 동네 빵집에 갔다. 빵집 이름은 파네라(Panera)다. 이곳에서 빵 한 조각과 커피 한 잔을 시켜 놓고 오랫동안 대화를 했다. 예전에 누리지 못했던 행복한 시간이었다.

역시 부부에게는 대화보다 더 좋은 것이 없다는 사실도 깨달았다. 오후에는 세 자녀와 동네 도서관을 자주 찾았다. 온 가족이 도서관에 가는 것 또한 큰 기쁨이었다. 혼자 있을 때도 도서관을 자주 찾았다. 목회학박사 과정 수업을 듣던 트리니티 신학교는 좀 멀어서 동네 도서관을 찾았다. 이곳에서 성경을 많이 읽었다. 말씀 속에서 위로를 받고, 소망을 가졌다. 새벽에는 한인교회, 오전에는 파네라 빵집, 오후에는 마을 도서관, 이것이 하루 일정이었다. 점심은 아내와 함께 집에서 먹었다. 된장찌개를 많이 끓여 먹었다. 초라한 밥상이지만 감사가 넘쳤다. 주일예배는 하베스트 바이블처치라는 미국교회에서 드렸다. 특별히 찬양을 통해서 큰 은혜를 받았다.

마침내 서울 동도교회에서 연락이 왔다. 2009년 12월 19일 주일 설교를 해 달라고 했다. 성탄절 주간이 끼어 있어서 빨리 다녀오면 시카고로 돌아와 자녀들과 함께 성탄절을 함께 보낼 수 있을 것 같았다. 우리 부부는 서울로 갔다. 2주간 머물렀다. 공항엔 청빙위원 몇 분이 마중을 나오셨다. 역삼동 근처에 숙소를 정해주셨다. 19일 주일날, 1~4부 설교를 했다. 나의 일생에 가장 힘든 설교였다. 교회에서 나를 대하는 것이 마치 007 작전을 방불케 했다. 조금 이상한 생각이 들기도 했다. 떠나기 전날 저녁, 청빙위원 다섯 분 장로님과 함께 식사를 했다. 여기서도 "왜 저같이 부족하고 경험 없는 목사를 청빙하려고 하시는지?" 다시 물었다. 식사를 마치고 숙소로 돌아왔다.

갑자기 사랑의교회가 떠올랐다. 역삼역에서 사랑의교회가 있는 강남까지는 지척이었다. 아내와 함께 사랑의교회로 갔다. 6년 전 성령님께서 찾아오셔서 떠나라고 속삭이셨던 그 장소, 그 자리에 앉았다.

"강단에서 믿음을 강조하면서, 강단에서 믿음 있는 척 하면서, 왜 너는 그렇게 하지 못하느냐? 믿음은 가만히 앉아 기도한다고 생기지 않아. 특별히 강하고 담대한 믿음은 더욱 그래. 그러니 네가 강한 믿음을 원한다면 그 자리를 떠나야 돼. 아브라함처럼 자리를 떠나, 베드로처럼 배 안에서 물 밖으로 나가. 죽이 되든 밥이 되든 떠나야 해."

이런 감동을 받았던 장소. 미디안 광야, 불타는 떨기나무와 같은 곳이었다. 이 속삭임에 반응하며 왕궁과 같은 사랑의교회를 믿음으로 떠났었다. 주님께서 인도하실 줄 믿고 약간의 두려움 가운데 떠났었다. 그리고 이후 다가온 폭풍의 6년. 그 세찬 폭풍우 속에서 하나님께서 나와 가족을 건져주시고 든든히 붙잡아주셨다. 물에 빠진 베드로를 구해주신 것처럼, 지중해의 폭풍우 속에서 요나를 건져주신 것처럼, 유라굴로의 폭풍 속에서 바울을 구원해 준 것처럼, 여호와께서 나를 건져주시고, 인도해주셨다.

그 장소, 그 자리에 앉으니 눈물이 흘렀다. 눈물을 닦으며 지난 6년이란 세월을 되새겨 보았다. 만감이 교차했다. 말씀의 사람은 잊지 말아야 한다. 자신이 가장 낮은 자리에 머물렀던 순간을 절대로 잊어서는 안 된다. 가끔씩 그 장소를 찾아가는 것도 그리 나쁠 것 같지 않다.

형님을 6년 만에 다시 뵙고

"진정한 소명자는 숫자에 끌려 다니지 않습니다. 한 생명에게 자신의 모든 것을 바칠 수 있는 진지한 하나님의 마음을 갖고 있는 사람입니다."-옥한흠
"목회가 무엇입니까? 목회는 '내 양을 치라' 고 하신 주님의 명령에 따라 주님의 피로 값 주고 사신 양떼를 책임지는 것입니다. 스데반처럼 죽을 각오를 하고 목회하지 않는다면 우리 자신이 주님 앞에 충성할 수 없는 상황이라는 것을 인정해야 합니다."-옥한흠

서초동 국제제자훈련원 4층 형님 집무실을 찾았다. 건강이 좋지 않다는 소식을 이미 들어서 알고 있었지만 이렇게까지 건강이 악화된 줄 미처 몰랐다. 많이 야위셨다. 의자에 앉아 간간히 손도 떠셨다. 그래도 해 맑으신 눈빛은 그대로였다. 담소를 나누었다. 동도교회 청빙 관계로 서울에 나왔다고 하니 무척 기뻐하셨다. "아니, 동도교회에서 사랑의교회 출신 목사에게 관심을 가지고 있단 말이지. 그 참 놀라운 일이다. 최훈 목사님은 참 훌륭한 분이시지. 홍성개 목사님도 나와 신학교 입학동기신데. 내가 감사하다고 홍 목사님께 전화라도 한 통 해야겠다. 사랑의교회 출신인 너를 청빙하겠다고 하신 청빙위원들과 당회 장로님들도 대단하신 분들이시네."라고 하

시면서 칭찬을 아끼지 않으셨다. 점심으로 근처 식당에 가서 평소 형님이 즐겨 드시던 대구지리를 먹었다.

형님을 모시고 있을 때 몇 번 식사하러 갈 기회가 있었다. 형님은 대구지리와 돌솥밥을 좋아하셨다. 기회가 되면 맛있는 식사를 자주 대접을 하려고 했는데, 건강이 예전 같지 않으셔서 마음이 참 아팠다. 사랑의교회도 이제 곧 새 예배당을 지을 것이라는 말씀도 해 주셨다. 그리고 형님과 헤어졌다. 그 만남이 마지막이 될 것이라고는 상상하지도 못했다. 그 다음해 여름부터 형님의 건강이 악화되고 있다는 소식을 접했다. 몇 번 이 메일로 연락을 했다. 여기서는 기도하는 수밖에 없었다.

지금도 생생하게 기억난다. 지하 본당에서 손들고 기도할 때 따뜻하게 손을 꽉 붙잡아 주셨던 형님, 힘든 여동생 주라며 봉투도 건네셨던 형님, 미국서 온 아내가 서울생활 힘들어할까 봐 늘 안부를 물으신 형님, 막내가 투병 중일 때 병원비에 보태라고 봉투를 건네시며 격려해주신 형님, 조기 은퇴하신 후 떠나야겠다고 하자, 넓은 곳으로 한 번 믿음의 도전을 해 보라고 힘을 실어주신 형님, 간혹 연락하셔서 잘 지내냐며 격려해 주신 형님, 분당 사택에 살던 부목사들의 집을 일일이 심방하시며 기도해 주신 형님, 항상 소탈하고 검소한 생활로 본을 보이신 형님, 그 형님께서 지금 병상 위에서 의식을 잃고 누워 계시다는 소식을 듣고는 마음이 참 아팠다.

중학교 시절 겨울 방학 때 형님 집에 머물렀던 기억이 떠오른다. 그땐 상가 교회였다. 진흥아파트 맞은편 상가에 교회가 있었다. 그런데 이 작은 교회가 이렇게 큰 교회로 성장한 것이다. 교회 밖에 모르셨던 형님. 그분의 삶, 그분의 가르침이 약한 나를 세우는데 큰 버팀목과 힘이 되었다. 교회 마당에서 뵐 때마다 "그래, 잘 하고 있지. 잘 해라."는 짧은 말로 사랑과 관심을 늘 표현해 주신 그 형님이 병상에서 다시 일어나기만을 바랐다.

그러나 결국 형님은 깨어나지 못하셨다. 10월에 기쁨으로 찾아뵈려 했다. 좋은 소식과 함께 말이다. 나의 위임식에 오셔서 설교를 부탁하려고 했다. 그런데 그렇게 가셨다. 위임식 한 달을 앞두고 형님은 천국으로 먼저 길을 떠나셨다. 형님에게는 제자도가 목회도보다 우선이었다. 세례 요한처럼 예수를 흥하게 하려고 자신은 늘 쇠하는 길을 택하셨다. 사람들에게 관심을 받는 것을 무척이나 부담스러워 하셨다. 예수님의 영광을 당신이 취하신다는 그런 송구한 마음 때문이었다. 모든 영광을 주님께 돌리려고 무진 애를 쓰셨다.

형님은 하나님 앞에서 자신이 '무익한 종' 이라는 사실을 늘 강조하셨다. 형님은 격식을 싫어하셨다. 전화 한 통화 하면 될 것을, 굳이 시간을 낭비하며 직접 당신을 찾아오는 그런 번거로운 일을 하지 말자고 강조하셨다. 단순하게, 편안하게 그리고 복잡하게 살지 말자고 하셨다. "예는 예요, 아니면 아니요." 하며 살자고 하셨다. 앞에서 예 하고 뒤에서 아니요 하는 그런 가식과 위선을 거부하며 살자고 하셨다. 정직하게 진실 되게 하나님 앞에서 한 점 부끄럼 없이 살자고 하셨다.

내가 형님을 처음 만난 것은 중학교 1학년 때인 1978년으로 기억된다. 형님은 미국 유학에서 돌아와 아버님이 섬기시던 교회에 인사차 방문하셨던 것이다. 참 멋쟁이시고, 잘 생기셨다. 형님이 미국 유학시절 형수씨와 조카가 우리 집에 간혹 놀러 왔던 기억도 난다. 대학시절, 사랑의교회에 출석했다. 주일설교를 통해 은혜를 많이 받았다. 그때 들은 설교 중에 지금도 기억나는 설교가 많다. 특히 욥기서 강해는 잊을 수 없다. 예배 후 형님 댁에 자주 놀러 갔다. 미국 유학 후 뉴욕에 머물 때에 형님이 불러 사랑의교회로 갔다.

형님 밑에서 참으로 많은 것을 배웠다. 제자훈련 목회철학. 한 사람을 제자 삼는 목회를 배운 것이다. 이 제자훈련 목회철학은 나 자신을 돌아보게 만들었다. 쉴 새 없이 달려온 나의 신앙 여정을 되돌아보게 만들었다. '목회자는 먼저 예수의 제자가 되어야 한다.' 늘 강조하신 말씀이었다. 왕궁 같은 사랑의교회를 떠나 홀로서기를 할 때에 형님이 쓰신 책을 한 권 가지고 떠났다. ≪소명자는 절대 낙심하지 않는다≫. 낙심될 때마다 이 책을 자주 읽었다. 참으로 귀한 책이라고 생각한다. 이 책은 다소의 좁은 길을 가는 내게 큰 힘과 용기를 주었다. 낙심이 될 때마다 그 책을 자주 접하며 읽었다. 이제 형님의 설교를 들을 수 없다. 그러나 그분의 정신과 사상이 고스란히 담긴 책이 내 서재에 있다. 그것이 내겐 힘이다. 투박하면서도 원색적인 복음적 언어로 사람의 심령을 찔러 회개하도록 만드는 형님의 설교를 더 이상 들을 수 없지만, 형님이 보여주신 정신과 삶은 후배 목회자들을 통해 계승될 것이다. 한 사람이 예수의 제자로 거듭나는 길만이 한국교회가 다시 살아날 수 있는 길이다.

지금도 귀에 쟁쟁하게 울려 퍼진다. 형님이 종종 불렀던 찬양, '내 평생 사는 동안', '죄악에 썩은', '물이 바다 덮음 같이' 아마 장례식날 이런 구원의 찬양을 불렀다면, 형님은 더 기뻐했을 것이다. 구원의 기쁨과 감격으로 천국에 입성하신 형님의 뒷모습이 어찌 내게는 골리앗을 대면하기 위해 엘라 골짜기로 내려가는 다윗의 뒷모습과 겹쳐져 보이는(overlap) 이유가 무엇일까?

형님의 자존심과 자부심의 근거는 오직 예수였다. 예수 한 분 때문에 얻은 그 구원의 감격 때문에 형님은 세상이라는 골리앗의 허세와 위용 앞에서도 당당하게 맞서 싸우신 것이다. 그리스도인이 가지는 영적 부요함의 비밀을 형님은 알고 계셨던 것이다. 형님은 조촐하고, 검소한 장례식을 원하셨을 것이다. 교회는 세상과 확연히 달라야 하기 때문이다. 형님은 자신의 이름이 세상에 회자되는 것을 원치 않았을 것이다. 예수님의 이름만이 높아지길 원하셨을 것이다. 형님은 이 시대의 진정한 세례 요한이셨다. 형님의 뼈가 뿌려진 사랑의교회 수양관에서 형님의 정신이 이 땅 위에 펼쳐지길 소망했다. 안성수양관은 이제 나의 순례처가 되었다. 형님이 그리워질 때마다 그곳으로 발걸음을 향한다. 형님의 결혼기념일과 내 생일이 같다. 그래서 나는 생일 때마다 안성수양관을 찾는다. 형님의 결혼기념일을 축하하기 위해서 말이다.

장례식 때 태풍이 살짝 비켜갔다. 하관식 때는 햇빛이 났다. 참석했던 이들은 주님의 은총이라고 했다. 형님이 남다른 애착을 가졌던 안성수양관의 양지 바른 언덕 위에 형님의 시신이 묻혔다. 국화꽃을 든 수많은 성도들과 조문객들이 줄을 지어 형님의 묘에 조문했다. 형님은 그렇게 행복하게 가셨다. 장례식을 마치고 서울로 왔다. 사랑의교회 마당에 붙어 있는 형님의 모습이 담긴 현수막을 보았다. 살아계신 것 같았다. 형님을 주군으로 섬기면서 형님으로부터 받았던 호통과 질타가 이제는 그립기만 하다.

공항버스에 몸을 실었다. 피곤이 몰려왔다. 이제 서울을 다시 찾으면 내 믿음의 향해 제2막이 시작될 것이다. 형님의 임종은 내 믿음의 항해 제1막의 매듭이라고 생각한다. 엘리야에게 임한 갑절의 영감이 한강변에서 불어 오르는 듯 했다. 형님은 한강변에서 불어오는 바람과 함께 엘리야처럼 승천하셨다. 그분의 영성과 정신이 사목협(사랑의교회 목회자 협의회) 후배들을 통해 계승될 것이다. 한강에서 불어오는 회오리바람을 타고 형님은 그렇게 하늘로 올라가셨다. 한강변의 강한 회오리바람이 한국교회 구석구석에 불어오기를 소망했다.

시카고로 돌아와 이른 새벽 교회로 향했다. 새벽 기도 중에 형님이 떠올랐다. 눈물이 흘렀다. 형님께 받은 사랑과 배려가 참으로 많다. 나는 참으로 행복한 목회자다. 형님과 함께한 아름다운 추억들이 있기에 그렇다. 형님이 떠난 빈자리가 내게는 너무나 컸다. 이제 한 달 후면 서울로 입성하는데 정말 아쉽고 또 아쉬웠다.

09

시카고의 추억

시카고에는 내게 잊지 못할 추억의 장소들이 몇 군데 있다.

파네라 빵집, 키와니스공원, 프로스펙트 하이츠 마을도서관, 보타닉 가든 식물원 그리고 글렌코비치다. 주로 혼자 자주 찾은 곳이다. 이곳에 가면 마음이 편해졌다.

글렌코비치는 미시간 호수변에 있다. 부유한 사람들이 사는 곳에 있는 호수변이다. 계절마다 느낌이 다른 곳이다. 그곳에서 호수를 바라보고 있으면 마음이 참 편하다. 고향이 그립고 마음이 괴로울 때면 자주 찾은 비치(beach)다. 어머니를 소리 높여 부르기도 했다. 찬양도 불렀는데, 바람이 세차게 불 때면 더욱 소리 높여 불렀다. 한참 찬양을 하고 나면 이내 마음에 평안과 감사가 찾아 든다. 일출을 보기 위해 새벽에 일찍 찾기도 했다. 그 장관은 실로 아름답다. 절로 찬양과 감사가 나온다. 나는 자연을 무척 사랑한다. 자연의 숨결 속에서 창조주의 섭리를 깨닫는다. 한겨울의 글렌코 호수는 또 다른 장관이다. 호수가 얼기 시작하는 시기다. 마치 거대한 얼음 조각이 춤을 추고 노래하는 듯하다. 그리고 겨울의 정점에 가보면 호수는 춤을 추다 말고 그 자리에 멈춰버린 듯하다. 파도 마네킹이 되어 각자의 은빛 자태를 뽐낸다. 어느 토요일 아침에 가족이 글렌코 비치를 찾았다. 막내아들이 동전 찾는 기계를 가지고 와서 그 모래 사장을 샅샅이 뒤졌다. 그 모습이 얼마나 귀여운지. 가족들과 아름다운 추억을 이곳에서 많이 만들었다.

아내와 나는 연한 커피(light coffee)를 좋아한다. 집 근처에 빵집이 하나 있다. '파네라' 빵집이다. 우리 입맛에 딱 맞는 커피와 빵을 판다. 자주 이곳을 찾아 데이트를 했다. 그곳 왼쪽 창가 구석 자리가 우리 자리였다. 힘든 시간을 보낼 때 이 데이트 공간이 큰 힘이 되었다. 대화를 통해 마음속에 엉켜진 우리 부부의 실타래들이 풀렸다. 부부의 대화는 이렇게 중요하다. 새롭게 하는 힘이 있다. 아내와 나는 베이글을 자주 먹었다. 아내는 플레인, 나는 블루베리 베이글을 좋아했다. 나는 바싹 구운 것을, 아내는 그렇지 않은 것을 좋아했다. 파네라 빵집은 우리가 잊지 못할 순례 장소였다. 시카고에 간혹 들릴 때면 항상 이곳을 찾는다. 그리고 그 자리에 앉는다. 감사한 것은 신실하신 하나님께서 이 빵집에 앉아 우리가 나눈 대화대로 이루어주셨다는 것이다. 말에는 신비한 능력이 있다. 미래는 지금 내가 하는 말에 달려 있다. 인생은 말의 지배를 받는다. 그렇기에 믿음의 말, 긍정의 말을 해야 한다. 이런 믿음의 말이 우리의 뇌와 영혼을 지배하도록 해야 한다. 힘든 순간 그 빵집에 앉아서 우리 부부가 원망하고 남을 탓하며 신세타령의 했다면 어떻게 되었을까?

하베스트교회(Harvest Bible Chapel)는 또 다른 안식처였다. 매주일마다 우리 부부가 예배를 통해 큰 감동과 은혜를 받았다. 솔직히 말하면 나보다 영어가 더 편한 아내는 더 큰 은혜를 받았다. 아내가 은혜 받는 광경을 매 주일 목격했다. 특히 찬양에 큰 감동이 있었다. 1년간 하베스트교회를 통해 받은 은혜가 참으로 귀하고 크다. 나 자신이 1년간 청중석에서 예배를 드려보았기 때문에 무거운 심정으로 예배에 참여하는 성도들의 마음을 조금은 이해한다. 그래서 자주 청중의 입장에서 예배를 디자인해 보려고 애를 쓴다.

키와니스 공원도 잊지 못한다. 우리 가족이 가장 많이 찾던 공원이다. 집 근처에 있는 아주 작은 공원이다. 개울이 있고, 그 개울 중간에 조그마한 나무다리가 있고, 다리 건너 놀이터와 농구대가 있다. 개울 맞은편에는 아주 작은 언덕도 있다. 이곳에 올 때마다 평안함을 느꼈다. 친숙함 때문이다. 개울가에 앉아 자연의 오묘함을 온몸으로 느끼며 하루를 시작하기도 했다. 자전거를 타고 자주 찾았다. 친구 같은 느낌이 드는 곳이다.

윌링에 위치한 한인연합감리교회를 빼놓을 수 없다. 헤브론교회를 사임한 후 매일 새벽 5시에 새벽 제단을 이곳에서 쌓았다. 이곳을 발견하지 못했다면 그 1년은 참으로 버티기 힘들었을 것이다. 새벽 제단을 통해 큰 은혜를 받고, 그 힘으로 하루를 지냈다. 영혼의 우물가였다. 혼자 남아 마음껏 목이 터져라 찬양을 불렀다. "나를 단련하신 후에 정금같이 나아오리다." 이 찬양을 수도 없이 불렀다. 정금 같이 새롭게 쓰임 받게 해 달라고 찬양하고 또 찬양했다. 집으로 돌아오는 길에 간혹 던킨 도너츠 가게를 들러서 먹던 커피 한 잔과 도너츠 하나의 맛을 잊을 수 없다.

산을 좋아하지만 시카고엔 딱히 갈 만한 산이 없다. 평지와 호수뿐이다. 그래도 산에 가고 싶을 때는 보타닉 가든(botanic garden)을 찾는다. 유명한 식물원이다. 등산이라는 명목은 식물원 한 바퀴를 도는 것이다. 배가 출출할 때는 매점을 찾는다. 하여튼 산이 그리울 때면 보타닉 가든을 찾고, 그곳에서 우리네 음식인 육개장 맛나는 야채 배질수프(vegetable basilsoup)를 먹었다.

공동의회에서 나에 대한 청빙안이 통과한 후인 2010년 7월에, 청빙위원께서 다시 시카고를 방문하셨다. 청빙위원장께서 내게 여러 가지 조언을 해주셨다. "바른 목회를 해주셔야 합니다. 심방 가서 심방비를 받지 말아야 합니다. 결혼식과 장례식을 인도하신 후에도 돈을 받지 말아야 합니다. 돈에 깨끗한 목회를 하셔야 합니다. 교회를 개혁하고, 변화시키셔야 합니다. 청년들과 30, 40대, 그리고 주일학교를 부흥시켜야 합니다. 천마산 기도원도 부흥시키셔야 합니다. 변화와 개혁을 지속적으로 실행해야 합니다." 등등 참으로 많은 주문을 하셨다. 그리고 현재 교회 상황과 지난 1대와 2대 목사님 시절의 교회 상황을 간략하게 말씀해 주셨다.

호텔 방을 나오자, 부담이 되어 온 몸이 눌리는 것만 같았다. 아

니 무슨 수로 평범한 목사인 내가 청빙위원들의 그 엄청난 요구를
만족시킬 수 있을까 생각하니 정말 마음이 무거웠다. 이런 생각을
하셨다면 처음부터 교회 부흥 전문가를 청빙하는 편이 좋지 않았겠
는가라는 생각까지 들었다. 안 그래도 우리 가족이 한국 가는 일로
인해 신경 써야 할 일이 많은데, 교회와 기도원까지 부흥시켜야 한
다는 말씀은 내게 엄청난 부담이었다.

이제 남은 문제는 세 자녀를 설득하는 일이었다. 가장 큰 걸림돌
이 바로 자녀 교육문제였다. 사춘기인 아이들이 과연 한국 학교에
적응할 수 있느냐 하는 문제가 가장 큰 걸림돌이었다. 청빙위원들
께서 자녀 문제를 다 책임져 주신다고 했지만 부모로서 도저히 말
하기 힘든 부분이었다. 더 이상 숨길 수가 없었다. 저녁에 세 아이
를 불러 놓고 있는 그대로 이야기를 했다. 세 아이는 모두 울고 난
리가 났다. 죽어도 서울로 가지 않겠다는 것이다. 부모가 자기들 인
생을 망친다고 소리를 질러댔다. "YOU RUIN MY LIFE!" 죽으면
죽었지 자기들은 절대 한국 못 간다고 버텼다. 충분히 이해가 되었
다. 특히 막내는 미국서 담임목회지를 찾지 못한 나를 무능한 아빠
라고 하며 자기 불만을 내게 퍼부었다.

우리는 아이들의 분노에 어떤 대구도 하지 않았다. 우리 부부는
정말 힘겨운 밤을 보냈다. 주님의 인도하심에 맡길 수밖에 없었다.
기도하고 설득하고 이해시키는 일 외에 달리 할 일이 없었다. 나도
이 사건이 자녀들에게 엄청나게 마음에 상처를 주는 일인지 잘 안
다. 이렇게 로마로 가는 항해는 거칠고 힘들었다. 결국 10월에 내가

먼저 들어가고, 아내와 세 자녀는 겨울학기가 마치는 12월 말에 서울로 들어가기로 했다. 그러나 청빙위원들은 온 가족이 함께 오는 것이 좋겠다고 했다. 아무 걱정 말고 속히 건너오라고 했다. 그러면 모든 것을 교회가 책임져 주겠다고 했다. 이 말을 믿고 우리 부부는 기도 중에 온 가족이 함께 서울로 가기로 결정했다. 7년간의 미국 생활을 청산하는 것 역시 쉽지 않았다. 눈에 넣어도 아플 것 같지 않은 세 자녀 때문에 무척 힘들었던 것이다. 우리는 교회만 생각했다.

우리는 모든 것을 주님께 맡기고 오헤어 공항으로 갔다. 비행기에 몸을 실었다. 곧 이륙한다는 승무원의 안내 방송이 나왔다. 또 다른 믿음의 모험이 시작된 것이다. 삶은 끝없는 모험이다.

10
지난 7년이 그랬다

"계속 밀어붙이도록 하라. 어느 것도 인내력을 대신할 수 없다. 뛰어난 재능도 인내력을 대신할 수는 없다. 재능은 있지만 성공하지 못한 사람이 얼마나 많은가! 뛰어난 두뇌도 인내력을 대신할 수 없다. 실패한 천재까지 있지 않은가? 교육도 인내력을 대신할 수 없다. 이 세상은 교육받은 낙오자로 넘쳐흐른다. 인내력과 결단력만이 무엇이든 할 수 있는 힘이다." -캘빈 쿨리지(미국 30대 대통령)

지난 7년의 세월이 그랬다. 말씀으로 우리를 도전하시고, 서울을 떠나 미국으로 인도하셨다. 안정된 사랑의교회를 떠나 주님의 인도하심 따라 믿음으로 길을 걸었다. 은처럼 연단되기를 바라면서 주님이 이끄시는 대로 길을 걸었다. 깊은 곳에 가서 그물을 던졌다. 물도 통과하고 불도 통과했다. 뉴저지에서 불을 통과하고, 시카고에서 물을 통과했다. 불과 물을 통과하면서 주님께서는 나를 새롭게 빚으셨다. 다 부수고 새롭게 빚으신 것이다. 꿈에 그리던 개척을 이루지 못했으나, 대신 주님께서 나 자신을 새롭게 개척하셨다. 마지막 순간까지 시카고에서 연단하셨다. 물에서 나오는 마지막 순간이 더 힘겨웠다. 그러나 이 모든 과정이 은처럼 나를 단련시키시려는 하나님의 손길이었다. 이제 종착점에 이르렀다.

7년 기근의 시간이 끝나고, 7년 풍요의 시간이 다가왔다. 요셉에게 그랬다. 10년 광야의 시간이 끝나고, 40년 풍요의 시간이 다가왔다. 다윗에게 그랬다. 14년 다소의 시간이 끝나고, 20년 안디옥의 시대가 다가왔다. 바울에게 그랬다. 십자가의 시간이 끝나고, 부활의 시대가 찾아왔다. 예수 그리스도에게 그랬다. 욥도, 모세도, 다 그랬다. 하나님은 당신의 백성을 단련하신다. 하나님께서 계획하시는 연단을 피할 수 없다. 요셉은 구덩이를 피할 수 없었고, 모세도 미디안 광야를 피할 수 없었다. 연단과 단련의 시간이 찾아오면 믿음으로 통과해야 한다. 나도 그렇게 주님의 연단의 과정을 통과한 후에 다시 인천공항에 도착할 수 있었다.

몇 분 장로님들이 우리 가족을 맞아주었다. 사택으로 갔다. 이 날이 2010년 10월 5일이었다. 위임식이 10월 23일로 잡혔다고 알려주셨다. 또 새로 시작해야 했다. 달라스에서, 뉴욕에서, 분당에서, 뉴저지와 시카고에서, 그리고 이제 또 다시 서울에서 새롭게 시작해야 했다. 여기까지 오기는 왔는데 이제는 서울생활에 적응하고, 또 동도교회에서 사역할 생각을 하니 정말 눈앞이 캄캄했다. 어떻게 해야 할지 정말 난감했다. 당장 가장 큰 부담으로 다가온 것은 주일 설교와 자녀 교육이었다. 여기저기 해결해야 할 문제가 한두 가지가 아니었다. 주님께 엎드릴 수밖에 없었다. 눈을 감으면 눈물이 앞을 가렸다. 기도, 기도밖에 없었다.

2010년 10월 23일 위임식이 끝나고 교회에 출근하여 공식적인 담임목회자로서의 사역을 시작했다. 성도들은 내게 너무나 많은 기대를 했다. 17년 동안 정체된 교회를 부흥시켜 달라, 천마산 기도원도 부흥시켜 달라는 요구는 엄청난 부담이었다. 내가 슈퍼맨도 아니고, 무슨 재주로 그 일을 감당할 수 있단 말인가? 나는 교회를 부흥시킬 능력도, 힘도 없기 때문이다. 결국 내가 할 수 있는 일은 목사이신 내 아버지가 그랬던 것처럼 새벽마다 강단에 엎드려 기도하면서 주님의 십자가를 붙드는 일 밖에 없었다.

1대 목사님이신 최훈 목사님 시대 때 동도교회는 교파를 초월하여 앞서가는 교회였다. 내가 젊었을 대학과 신학교에 다닐 때만 해도 교단적으로 강남에서는 충현교회 김창인 목사님, 강북에는 동도교회 최훈 목사님이라는 소문이 날 정도로 명성 있는 교회였다. 故 최훈 목사님의 지도와 영향 아래서 많은 교역자들과 선교사들이 배출되었다. 그러나 이후 여러 가지 복합적인 원인으로 인하여 정체의 시간을 맞이하게 되었다. 교회의 규모와 덩치는 컸지만, 구조적으로 새롭게 정비해야 할 부분이 생겼다고 생각한다. 특별히 교회 환경이 시장 주변이고, 개발이 늦어지고, 또한 주변이 계속 낙후되어서 자녀를 둔 젊은 층이 교회를 많이 떠났다고 한다. 이런 부분은 교회 리더십과 모든 성도가 다 공감을 하고 있는 부분이다.

또 교회는 전통 보수적이다. 1대 목사님의 신앙배경은 재건 신앙이었다. 복음의 순수성은 있으나 예배도, 구역조직도, 행정조직도 전통적인 방식을 그대로 유지하고 있었다. 복음의 순수성, 기도의 열정, 주일성수, 대심방과 같은 목회의 보수적 가치를 존중하고 보존하고 있었다. 천마산 기도원에서는 6월이면 6,25구국대성회, 8월이면 3차에 걸쳐 8.15구국대성회를 계속 개최할 정도로 예전의 목회 방식을 존중하고 있었다. 그러나 사역의 효율성에 있어서는 계속 고민을 해야 했다. 교우들은 모두가 순수하고, 착하고, 기도와 말씀에 대한 열정과 사모함에 목말라 하고 있었다. 합심하여 기도하는 모습과 말씀을 믿음으로 흡수하는 성도들의 모습에 감동과 은혜를 받았다. 이것은 나뿐만 아니라 집회에 오신 초청강사들이 이구동성으로 하시는 말씀이다.

또한 부임해서 놀란 것 중에 하나가 교회의 장례문화였다. 아직까지 부교역자들이 염을 하고 있었다. 사역을 하다가 장례가 나면 모든 교역자가 장례식장으로 출동하는데, 여교역자들은 시신을 염하고, 남교역자들은 염한 시신을 관에 넣는다. 1970, 80년도에 한국의 장례문화가 정착되지 못했을 때 실시했던 일들을 교역자들이 하고 있었다. 그래서 교역자들이 염하는 장례 문화도 폐지하고 사역에 전념하도록 했다. 또한 종전에 두 개로 놓여있던 강대상을 하나로 만들어 예전보다는 말씀 중심의 구조로 개편했다. 그 외 과거 구조적인 예배 부분들이 순적하게 변화되어 갔다. 이 부분에 있어서 열린 사고를 가진 장로님들께서 지지해 주셨다. 구역조직을 비롯하여 새롭게 해야 할 부분들이 많이 보였지만 결코 서두르지 않았다. 대신 원로 은퇴장로, 증경권사회 회장, 시무장로, 안수집사들을 중심으로 4~5명씩 그룹을 지어 조찬을 하며, 그분들의 소리를 들으려고 힘썼다. 역사를 알아야, 교회를 읽어야 바른 목회적 진단과 방향이 나오기 때문이었다. 오랜 전통적 예전과 가치에 뿌리를 내리고 있는 교회의 방향을 돌리는 것은 그리 쉬운 일이 아니었다. 그리고 사람의 힘만으로 되는 일도 아니었다. 전적인 하나님의 은혜와 도우심으로 가능한 일이었다. 이에 모든 것을 주님의 뜻에 맡기며 주님께서 원하시는 방향으로 움직일 수 있도록 계속 성령을 의지하며 기도하였다.

새롭게 부흥을 갈망하는 리더십과 성도들의 열망 앞에 두고 할 수 있는 것은 성도들의 심령에 영적인 새 바람이 불어오는 모습을 보게 하는 것이었다. 그래서 가능하면 강사들을 많이 초청하여 말씀을 자주 듣게 하였다. 금요기도회와 목요천마산겟세마네기도회, 새벽기도회에 힘을 썼다. 그리고 전문 찬양악기 반주자들을 채용하여 찬양팀을 새롭게 구성하였다. 찬양이 살아야 교회의 영적 분위기가 새로워지기 때문이다. 그렇게 힘쓴 결과, 하나님의 은혜로 몇 개월 못 가서 영적인 분위기가 새로워지기 시작했다.

주일예배 시에는 찬송가가 아닌 찬양곡을 예배 서두와 말미에 넣어 불렀다. 보수적인 교회에서 주일예배에 찬송가 외의 곡을 부르는 것은 상상할 수 없는 일이었다. 하지만 이렇게 교회의 영적 분위기가 새로워지니 교인들도 점점 불어나기 시작했다. 그렇지만 이에

반하여 정말 소수인 몇 분 장로님들 때문에 힘든 시간을 보내야 했다. 새로운 부흥의 시대를 갈망하며 내가 할 수 있는 것은 열심과 기도뿐이었습니다. 이것이 부임 시 내가 느끼고 경험한 동도교회의 형편이라고 할 수 있겠다.

교회 부임 후 큰 부담을 안고 감당했던 일 중에 하나가 많이 늘어난 설교하는 사역이었다. 부임 초기에 심혈을 기울여 주일마다 했던 강해 설교 본문이 느헤미야였다. 느헤미야의 리더십이 동도교회에 꼭 필요하다는 생각 때문이었다. 많은 감동과 감격이 있는 내용이었다.

2부
은혜, 동도교회

여러분의 형편은 어떠합니까?

느 1:1-4

느헤미야서는 잘 아시는 것처럼 바벨론 포로후기시대를 배경으로 쓰인 성경입니다. 느헤미야의 뜻은 '여호와께서 위로하신다' 는 뜻입니다. 여호와께서 환란과 곤고함 중에 있는 백성들을 위로하신다는 것을 보여주려는 목적으로 쓰인 성경이 느헤미야서입니다. 느헤미야는 여호와를 위로자로 믿고 타국 페르시아에서 살았습니다. 느헤미야라는 이름의 뜻만으로도 위로가 되고 힘이 됩니다. 전쟁과 망국의 상처로 인하여 고통 중에 있던 이스라엘 백성들은 나중에 느헤미야를 통해서 큰 위로와 힘을 얻게 됩니다.

느헤미야의 조국 남유다는 세 번에 걸쳐 바벨론의 침공을 받습니다. 주전 605년, 주전 597년 그리고 남유대의 수도 예루살렘이 멸망당한 주전 586년입니다. 결국 남유다는 패망합니다. 그러자 바벨론 군인들은 쓸 만한 남유다 백성들을 포로로 끌고 갑니다. 다니엘, 에스겔, 여호야긴 왕을 비롯한 많은 유대인들이 이때 포로로 잡혀 갔습니다. 그런데 천하를 호령하던 바벨론도 기울어 페르시아에서 망하고, 페르시아 시대가 열리게 됩니다. 세상에 천하무적도 없고, 절대강자도 없습니다. 흥하면 또 망하게 되는 것이 세상의 이치입니다. 포로로 붙잡혀온 유대인들은 바벨론에서 자녀들을 낳고 살게 됩니다. 그런데 시대가 바뀌어서 페르시아 시대가 도래했습니다. 페르시아 시대가 열리자 초대 왕 고레스는 유대인들이 본국으로 돌아가도 좋다는 칙령을 내립니다. 유대인들에게는 복음이었고, 은혜였습니다.

선지자 예레미야의 입을 통하여 하신 말씀을 이루게 하시려고, 바사 왕 고레스의 마음을 감동시켰다고 합니다. 선지자 예레미야의 입을 통해서 하신 그 예언을 여호와께서 성취하시려고 고레스 왕의 마음을 감동시켜서 이스라엘 백성들이 고국으로 돌아가는 길을 열었던 것입니다. 예레미야는 칠십 년이 차면 포로 된 유다 백성들이 고국으로 돌아올 것이라고 예언했습니다. 선지자 예레미야가 여호와께서 유대 백성들을 이곳으로 돌아오게 하실 것이라고 예언을 합니다. 이 곳이 어디입니까? 예루살렘입니다. 남유다의 수도 성 예루살렘입니다. 포로 된 이스라엘 백성들을 고국으로 귀환하게 할 것이라는 여호와의 예언이 고레스 왕을 통해 성취된 것입니다. 이런 것을 보면 하나님께서는 세상의 의로운 통치자들을 통해서 하나님의 뜻을 성취하신다는 사실을 알 수 있습니다.

이렇게 고레스 왕의 유대인 본토 귀환 칙령이 내려지자, 바벨론 거주 유대인들은 세 차례에 걸쳐서 본토로 귀환합니다.

1차 귀환은 주전 538년 세스바살의 인도로 42,360명이, 2차 귀환은 주전 458년 에스라의 인도로 1,500명이, 그리고 3차 귀환은 느헤미야가 남유다의 총독으로 부임하면서 소수가 귀환하게 됩니다. 느헤미야와 일행이 먼 길을 여행하여 도착한 예루살렘의 현실은 어떠했습니까? 한마디로 참담했습니다. 예루살렘 도성은 황폐하고, 백성들은 가난에 처해있고, 이방인들이 섞여 사는 곳이 되어버렸습니다. 하나님의 지극한 사랑을 받았던 예루살렘 도성의 옛 영광은 오간데 없고, 그 영광의 흔적조차 찾아 볼 수 없었습니다.

귀환한 유대인들은 힘을 모아 먼저 무너진 성전 재건 공사에 착수하게 됩니다. 그러나 쉽지 않았습니다. 유대인 귀환을 시기 질투하는 주변국의 방해 공작 때문에 얼마 가지 못해 성전 공사가 중단되고 맙니다. 그러나 우여곡절 끝에 다시 페르시아의 허락을 받아 어렵게 성전을 완공했습니다. 이 때가 주전 516년입니다. 1차 포로 귀환이 있는지 23년 만에 성전이 새로 완공된 것입니다. 성전을 완공한 유대인들은 예루살렘 성곽과 성벽을 쌓습니다. 그리고 성전이 완공된 지 70년 후에 학사 에스라가 약 1,500명의 유대인들을 데리고 2차 귀환을 합니다. 이 때가 주전 458년입니다. 그리고 학사 에스라가 귀환하고 나서 13년이 지난, 주전 445년에 느헤미야가 소수의 유대인들을 데리고 유다와 예루살렘의 총독으로 부임합니다. 이것이 3차 귀환입니다. 2차로 에스라가 귀환을 하고나서, 3차로 느헤미야가 예루살렘 총독으로 부임하기까지 약 13년 동안의 예루살 렘 형편은 총체적 난국이었습니다. 희망이라고는 도저히 찾아 볼 수 없는 절망 그 자체였습니다.

그 당시 예루살렘의 정치적 상황도 무척 어려운 가운데 있었습니 다. 페르시아 총독부가 설치된 북쪽 사마리아를 비롯한 암몬, 서북 아라비아가 동맹을 맺고, 유다와 예루살렘도성을 견제하고 압박해 오다가 급기야는 예루살렘 도성을 침공하기도 했습니다. 유다가 이 런 힘겨운 역사적 상황 가운데 처해 있을 때, 하나님의 사람 느헤미 야는 페르시아 왕궁의 관리로 일하고 있었습니다.

> "아닥사스다 왕 제이십년 기슬르월에 내가 수산 궁에 있는데"
> (느 1:1).

아닥사스다 왕은 페르시아 제국의 세 번째 왕입니다. 페르시아의 왕 아닥사스다 통치 20년째에 유대인 느헤미야가 수산 궁의 관리 로 일을 하고 있었습니다. 이 때가 주전 445년입니다. 그리고 성경 은 이 시기를 좀 더 상세히 기록하면서 '기슬르월'이었다고 합니 다. 기슬르월은 유대력이고, 태양력으로는 11월 중순에서 12월 중 순입니다. 다시 말해서 주전 445년 12월초에 바벨론 출생 유대인 느헤미야는 페르시아 3대 왕 아닥사스다가 머무는 왕궁 관리로 일 을 하고 있었던 것입니다. 수산궁은 페르시아의 수도로 특별히 왕 이 겨울에 머무는 성입니다. 그리고 이 수산에 유대인들의 밀집지역이 있었습니다. 이 수산에서 느헤미야는 정부의 관리로 일을 하고 있었습니다.

더 쉽게 말하면, 미국교포 2, 3세가 1세 부모 때문에 이민을 와서 백악관의 정부관리로 일을 하고 있다는 말입니다. 백악관 관리 정도가 되면 그 사람의 사회적 지위와 부가 어느 정도인지 짐작할 수 있을 것입니다. 페르시아에서 태어난 유대인 느헤미야는 성공적인 삶을 살고 있었습니다. 121년 전에는 비록 고국 유다가 패망하고, 포로로 잡혀온 조부모와 부모에 의해 타국에서 이민자 유대인으로 태어났지만, 이제 느헤미야는 페르시아 제국의 수도인 수산궁 정부 고위관리가 되어서 윤택한 삶을 살아가고 있었습니다.

그런데 무엇이 우리의 관심을 끌게 만듭니까? 성공적인 삶을 살아가는 느헤미야가 출세한 평범한 유대 이민자와는 다르다는 것입니다. 그의 남다른 점이 우리의 주목을 끕니다. 무엇이 남달랐습니까? 그의 애국심입니다. 느헤미야는 비록 페르시아에 살았지만, 고국 유다를 사랑했습니다. 최근에 수산 궁으로 들려오는 펠레스타인 지역의 소식이 심상치 않았습니다. 이 소식 때문에 유다와 동포가 더욱 걱정되었습니다. 그러던 어느 겨울 날 뜻하지 않게 하나니에게 고국의 소식을 듣게 됩니다. 하나니는 느헤미야의 형제입니다. 하나니가 본토로 귀환했다가 외침 때문에 수산으로 다시 이주해 왔는지, 아니면 예루살렘 지도자들이 보낸 특별 비밀 결사단으로 왔는지는 정확히 알 수 없습니다. 중요한 것은 하나니를 통해 느헤미야가 고국의 소식을 직접 듣게 되었다는 점입니다.

"내 형제들 가운데 하나인 하나니가 두어 사람과 함께 유다에서 내게 이르렀기로 내가 그 사로잡힘을 면하고 남아 있는 유다와 예루살렘 사람들의 형편을 물은즉 그들이 내게 이르되 사로잡힘을 면하고 남은 자들이 그 지방 거기에서 큰 환난을 당하고 능욕을 받으며 예루살렘 성은 허물어지고 성문들은 불탔다 하는지라"(느 1:2-3).

하나니로부터 전해 들은 예루살렘의 형편은 참으로 참담했습니다. 백성들이 포로 되는 것을 겨우 면했고, 주변국의 침공으로 예루살렘 도성은 허물어졌고, 성문은 모두 불타버렸습니다. 이뿐만이 아닙니다. 예루살렘 성내에 거주하는 자와 주변에 흩어져 사는 백성들이 지금도 큰 환난과 고통을 당하고 있다는 것입니다. 이 참담한 소식을 들은 느헤미야는 마치 자기가 당한 것처럼 가슴 아파하면서 하나님께 울부짖으며 기도합니다.

"내가 이 말을 듣고 앉아서 울고 수일 동안 슬퍼하며 하늘의 하나님 앞에 금식하며 기도하여 이르되 하늘의 하나님 여호와 크고 두려우신 하나님이여 주를 사랑하고 주의 계명을 지키는 자에게 언약을 지키시며 긍휼을 베푸시는 주여 간구하나이다"(느 1:4-5).

느헤미야는 고국 유다의 절망적인 소식을 듣고 주저앉아 웁니다. 눈물을 흘립니다. 애통해 합니다. 하루 이틀이 아닙니다. 수일 동안 울고, 슬퍼합니다. 그리고 하나님 앞에서 금식을 하겠다는 믿음의 결단을 합니다. 환난에 빠진 고국 유다와 고통당하는 동포를 위하여 금식하며 기도하기 시작합니다. 이 얼마나 멋진 결단이며, 본받을 만한 일입니까? 애국은 말로 하는 것이 아니라 이렇게 행동으로 하는 것입니다. 위기에 처한 조국을 위해 금식하며 기도하는 것이야말로 진정한 애국심의 발로인 것입니다. 느헤미야는 자신의 문제로 인하여 금식하는 것이 아니라, 절망에 빠진 나라와 동포를 위해 금식 기도를 시작했던 것입니다. 이것이 동시대를 살아가는 하나님의 백성들이 본받을 만한 일이라는 것입니다.

부모가 없으면 자식도 있을 수 없고, 나라가 없으면 백성도 있을 수 없습니다. 나라가 있어야 백성도 있고, 교회도 있습니다. 그러므로 교회는 나라와 백성을 위하여 눈물로 엎드려 간절히 금식하며 기도해야 합니다. 위대한 지도자이며, 독실한 그리스도인인 미국의 16대 대통령 아브라함 링컨은 나라와 백성들을 위하여 새벽마다 백악관 집무실에서 눈물을 흘렸던 기도의 사람이었습니다.

하나님 앞에 선하고, 하나님을 기쁘게 하는 일이 무엇입니까? 통치자와 지도자들을 중보하며 기도하는 것입니다. 대통령을 비롯해서 각개 각층의 지도자들, 군장병과 경찰들, 공무원들, 공교육을 책임진 교사들을 위해서 중보하며 기도해야 합니다. 이런 분들이 바로 서야 대한민국이 바로 서게 됩니다. 사회가 질서와 안정 가운데 성장하게 됩니다.

지금처럼 우리나라 대한민국이 복 받고, 평안한 때가 어디 있었습니까? 그런데 백성들이 불평, 불만이 참 많은 것 같습니다. 대한민국이 배가 부르고 등이 따뜻하니 교만해지고, 자만에 빠졌습니다. 지난 시절 가난과 억압에 허덕이던 어두운 시절을 망각하고 있습니다. 8.15해방, 6.25전쟁, 5.16혁명과 군사독재, 새마을운동, 경제개발 5개년 계획, 민주화 운동과 항쟁과 이로 인한 데모, 수많은 기업과 가정을 좌절과 실패로 추락시켜 버린 IMF 사태 등 이 모든 것이 기억나십니까? 작금의 한국 사회를 바라보는 우리의 심정은 또한 어떠합니까? 지금도 우리의 기억 속에 생생하게 그려져 있는 천안함 침몰 사건, 연평도 포격 사건, 그리고 구제역과 조류인플루엔자 전염병을 바라보는 우리의 심정은 어떠합니까?

또한 대한민국의 교회는 어떠합니까? 세상에 비쳐진 교회의 모습은 어떠합니까? 세상 사람들에게 비쳐진 한국교회의 지도자들의 형편은 어떠합니까? 한국교회도 배가 불렀습니다. 자만에 빠졌습니다. 한국교회가 세속에 많이 물들어 있습니다. 한국교회가 지나칠 정도로 돈과 명예와 탐욕에 빠져 있습니다. 교회의 안과 밖이 별차이가 없습니다. 교회의 지표인 거룩과 정직의 제방이 무너졌습니다. 세속화의 물결이 교회 구석에 침투해 들어왔습니다. 느헤미야가 살던 시대 예루살렘 성의 형편도 예외가 아닙니다. 주변 적들의 외침으로 인하여 성벽이 허물어지고, 성문이 불타버렸습니다.

그런데 대한민국 교회는 외침도 받지 않았는데 왜 이렇게 쓰러지고 넘어지고 무너진 교회들이 많은 것일까요? '한국교회는 아무 문제없다. 잘 있다. 좋다. 잘 될 거다. 그래도 부흥할 거야.' 이렇게 낙관만 한다고 문제가 해결될 수 있을까요? 지난 14일 한국복음주의협의회에서 한국교회 지도자 200명이 모여 월례 조찬모임을 가졌습니다. 여기에서 이런 문제들이 제기되었습니다. "목회자의 윤리적 타락, 효율성과 결과 중심의 비즈니스화된 목회, 지나친 외형적 성장 집착, 물량주의, 개 교회주의"에 대한 회개와 반성을 했다고 합니다. 주제 발표를 하는 어느 목사님은 "목회를 회사 경영으로, 목회자를 CEO로 여겨 한국교회가 땅에 떨어졌다고 개탄을 했습니다."

100세 된 어느 목사님은 작금의 한국교회가 주님이 걸으신 십자가의 길을 걷지 않아 이렇게 타락하게 되었다고 개탄을 하였습니다. 같은 날 14일 한국교회 언론회에서는 한국교회의 위기는 목회자들이 초래했다고 하면서, 목회자들의 통렬한 반성을 촉구하며 다음과 같은 논평을 내놓았습니다.

"교회는 거룩과 명예와 진실을 회복해야 합니다. 교회는 청빈과 순결과 순종을 회복해야 합니다. 교회는 세속에 물들지 않는 맑은 영혼을 회복해야 합니다. '성직자의 영혼은 아침 햇살처럼 맑아야 한다' 는 어거스틴의 말처럼, 목회자가 먼저 예수님처럼 맑은 영혼을 회복해야 합니다. 주 예수를 위해 고난 받는 것을 즐거워하며, 의를 위하여 핍박 받는 것을 기뻐하는 것을 영광으로 여기는 십자가의 영성을 교회는 회복해야 합니다. 교회는 권력과 술수를 버리고 거룩과 진실, 명예 그리고 말씀의 권위를 회복해야 합니다."

작고하신 옥한흠 목사님께서 한번은 교회갱신협의회 수련회에서 설교 중에 목회자에 대해서 이런 충고를 하셨습니다.

"목사는 강단에서 하나님 나라를 외치는 사람이고, 천당의 화려함과 아름다움과 그 영광을 이야기하면서 세상의 고통과 아픔을 위로하는 사람입니다. 우리가 설교할 때 자주하는 말이 있지 않습니까? '욕심을 버려야 한다.' 하나님의 종들은 욕심을 초월한 사람들이요, 명예라는 것은 저 굴러다니는 돌처럼 생각하는 사람들입니다. 그런데 단상에서 설교하는 것에 비해서 단하의 태도는 너무너무 추합니다. 우리 목사들은 마음을 비워야 합니다. 명예에 대해서도, 돈에 대해서도 그렇습니다."

작금의 한국교회를 바라보면, 누구보다 교회 지도자들이 욕심과 거짓이 많은 것 같습니다. 세상을 지나치게 사랑하는 것 같습니다. 특히 돈과 명예를 너무 사랑하는 것 같습니다. 무엇보다 무너진 정직성은 가장 가슴 아픈 일입니다. 교회가 세상을 걱정하는 것이 아니라, 세상이 교회를 걱정하는 가슴 아픈 시대를 살고 있습니다. 한국교회의 현실을 바라보면 한숨을 지을 수밖에 없습니다. 과연 천국이 있기나 한 것일까 하는 의구심을 자아내게 만들 정도입니다.

오늘날 한국교회와 지도자들의 모습을 보면 천국의 존재가 의심스러울 정도입니다. 세상 좋은 것에 너무 집착하는 것 같은 인상을 지울 수가 없습니다. 무엇보다 염려되는 것은 강단과 삶 사이에 어떤 연결점을 발견할 수 없다는 것입니다. 여러분은 오늘날 한국교회의 형편을 어떻게 진단하고 계십니까? '그래도, 한국교회는 아무 문제없다. 시간이 지나면 저절로 잘될 것이다. 문제가 해결될 것이다. 그래도 결국은 부흥할 것이다.' 이렇게 낙관만 할 수 있단 말입니까? 어느 존경 받는 목사님은 "병든 낙관주의는 시대가 위기에 빠질수록 더 기승을 부린다."고 했습니다. 저명한 미국의 빌 헐 목사님은 오늘날의 교회는 팔, 다리가 아픈 것이 아니라 심장병을 앓고 있다고 지적을 합니다.

한국교회가 수와 성장과 인기에 눈이 가려져 있지는 않는지, 돈과 명예에 지나친 집착을 하고 있지는 않는지요? 한국교회가 대각성하지 않으면 미래를 장담할 수 없습니다. 하나님께서 촛대를 옮기실 수도 있습니다. 하나님께 사랑 받은 이스라엘도 회개하지 않자 멸망하고 말았습니다. 외침으로 성전은 무너지고, 여호와의 영광이 성전을 떠나버렸습니다. 회개하지 않은 이스라엘은 여호와 하나님께 죄로 인하여 철저히 버림받았습니다.

대한민국 교회는 그럴 리 없다구요? 천만의 말씀입니다. 세우는 것은 힘들어도, 무너지는 것은 한 순간입니다. 한국교회와 지도자들이 자기 이름을 내기 위해 계속 탐욕과 욕망의 바벨탑을 쌓는다면 여호와께서 어느 날 순식간에 흩어버리실 것입니다. 겸손해야 합니다. 철저히 낮아져야 합니다. 신앙의 기본으로 돌아가야 합니다. 돈을 멀리하고, 명예욕을 버려야 합니다. 두렵고 떨리는 심정으

로 구원을 이루어 가야 합니다. 교회는 시대를 초월하여 항상 섬김
과 나눔으로 사회를 위해 고난 받는 종으로 세상을 섬겨야 합니다.

그러면 우리 각자의 영적 형편은 또한 어떠합니까? 무엇보다 올
바른 영적 진단이 필요합니다. 이를 위해 좀 더 냉철해지고, 차분해
져야 합니다. 기도와 찬양의 함성보다 말씀 앞에서 나 자신을 엄중
하게 점검해야 합니다. 말씀의 올바른 영적 진단을 통해 잘라 낼 것
은 잘라내고, 회개할 것은 회개하고, 새롭게 할 것은 새롭게 해야
합니다. 이런 영적 결단과 대각성만이, 세속화에 물들어 대사회적
인 신뢰도가 상실된 교회의 영광과 거룩성을 회복할 수 있을 것입
니다. 바로 진단하면 언제든지 그에 적합한 치료와 회복이 있습니
다. 나와 내 가정 그리고 내 교회의 정확하고도 객관적인 영적 형편
을 살피는 노력이 그 어느 때보다 필요한 시점을 통과하고 있습니
다. 어느 때보다 말씀으로 돌아가 각성하고, 회개할 때가 아닌가 싶
습니다.

살다 보면 내 앞에 닥쳐오는 시련으로 인하여 모든 것을 포기하고 싶은 때가 있습니다. 2011년 온두라스에서 살인 누명을 쓰고 1년 5개월 동안 온두라스에서 재판을 받던 한지수 자매가 무죄 판결을 받고 고국으로 돌아왔습니다. 이 자매는 2008년 스킨스쿠버 다이빙 강사 자격증을 따기 위해 온두라스에 머물던 중, 네덜란드 여성 피살 사건의 살인 누명을 쓰게 되었습니다. 이후 2008년 이집트공항에서 영문도 모른 채 체포되어, 온두라스 로하탄 감옥에서 지내다가 2009년 12월 가석방되었습니다. 그리고 작년 11월까지 온두라스 한인교회에서 가택연금 상태로 생활해 왔습니다. 가석방 될 때쯤엔 너무 고통스러워 자살까지 생각했다고 합니다. 결국 지난해 11월 최종 무죄 판결을 받았습니다. 한지수 자매는 독실한 크리스천입니다. 살인자의 누명을 쓴 이 힘든 1년 5개월 동안 매일 새벽

제단에서 태어나고 자란 대한민국으로 돌아가게 해달라고 기도했다고 합니다. 1년 5개월간의 끈질긴 기도, 포기하지 않는 기도가 결국 이 자매를 구한 것입니다.

오늘 본문인 1장 5절에서 2장 1절까지의 말씀은 느헤미야의 기도와 간구입니다. 서론과 본론과 결론이 아주 명쾌한 기도입니다. 주제는 환난에 빠진 나라와 백성을 위한 기도입니다. 느헤미야는 서론에서 기도의 대상이 하나님 여호와이심을 명확하게 밝힙니다. 5절에 "하늘의 하나님 여호와 크고 두려우신 하나님이여 주를 사랑하고 주의 계명을 지키는 자에게 언약을 지키시며 긍휼을 베푸시는 주여 간구하나이다."라고 했습니다. 기도의 본론은 6절부터 10절까지입니다. 6절에서는 이스라엘의 죄를 용서해 달라고 합니다. 7절에서는 이스라엘의 불순종을 용서해 달라고 합니다. 6절과 같은 말입니다. 8, 9절에서는 모세의 율법을 기억하며 하나님께 구합니다. 범죄하면 여러 나라에 흩을 것이고(8절), 반면에 회개하고 계명에 순종하면 고국으로 다시 돌아오게 할 것이라는(9절) 말씀입니다. 8절과 9절의 강조점은 범죄하면 흩을 것이라는 말씀보다, 회개하고 계명에 순종하면 본국으로 다시 돌아오게 할 것이라고 하는 회복의 말씀입니다. 이 사실을 여호와께서 꼭 기억해 달라는 간구입니다.

그런데 바벨론의 포로 된 유다 백성들은 약 80년 전에 고국으로 돌아갈 사람들은 이미 다 돌아갔습니다. 그런데 예언이 성취되었음에도 불구하고 70년이 차면 고토로 귀환하게 될 것이라는 이 언약의 말씀을 되풀이 하고 있을까요? 그것은 여호와께서 고국으로 돌아간 유다 백성들을 끝까지 불쌍히 여기시고, 책임져 달라는 간청입니다. 쉽게 말하면 70년 포로생활 마치고 귀환하여 재건사업에 착수한 유다 백성들에게 비록 부족하고, 마음이 들지 않는 부분이 있을지라도, 여호와께서 에프트 서비스(after service)를 확실하게 해 달라는 간청입니다.

> "이들은 주께서 일찍이 큰 권능과 강한 손으로 구속하신 주의 종들이요 주의 백성이니이다"(느 1:10).

무슨 말씀입니까? "하나님, 고국으로 귀환한 유대인들은 주의 백성입니다. 좋든 싫든 주의 백성입니다. 주의 소유입니다. 주님의 자녀들입니다. 하나님의 뜻을 이 땅 위에 실현할 주의 종들입니다. 이들은 주께서 큰 능력과 강한 손으로 구속하신 특별한 사람들입니다. 그러니 어떻게 하겠습니까? 이들이 좀 범죄했어도 완전히 멸하지 마시고 회생할 수 있는 기회를 한 번 더 주십시오."라는 간구입니다. 여기 "주께서 일찍이 큰 권능과 강한 손으로 구속하신" 사건이 무엇입니까? 모세 시대에 있었던 출애굽과 홍해 사건입니다. 이런 것을 보면 느헤미야는 구약역사에 통달한 사람임에 틀림이 없습니다.

느헤미야는 기도할 때 무턱대고 어린 아이처럼 칭얼거리면서 기도하지 않았습니다. 성숙한 신앙인답게 언약의 말씀을 토대로 여호와께 호소하며 기도했습니다. 느헤미야의 기도 속에는 언약의 말씀을 근거로 한 설득력과 호소력, 그리고 구원의 역사에 대한 탁월한 지식이 들어 있습니다. 말은 호소력과 설득력이 있어야 합니다. 강한 호소로 사람들의 마음을 움직이려면 그에 준하는 설득과 논리가 있어야 합니다. 우리의 기도도 여호와 하나님을 감동시키려면 그에 합당한 설득과 논리가 있어야 합니다. 여호와 하나님을 설득시킬 수 있는 힘은 언약의 말씀을 근거로 하여 기도하는 것입니다. 이렇게 언약의 말씀을 근거로 하여 간구하는 느헤미야는 다음과 같은 기도로 결론을 내립니다.

"주여 구하오니 귀를 기울이사 종의 기도와 주의 이름을 경외하기를 기뻐하는 종들의 기도를 들으시고 오늘 종이 형통하여 이 사람들 앞에서 은혜를 입게 하옵소서 하였나니 그 때에 내가 왕의 술 관원이 되었느니라"(느 1:11).

무슨 말씀입니까? 귀환한 유다 백성들이 비록 범죄하여 환난 당하고 있지만, 그들을 용서하시고, 도와달라고 한 번 더 강조하는 것입니다. 동시에 자신이 형통하여 페르시아 관원들 앞에서 은혜를 입게 해 달라고 합니다. 그렇다면 느헤미야가 구체적으로 무슨 의도로 자신의 형통과 은혜를 위한 기도를 드리고 있습니까? 공동체를 위한 중보기도를 하다가 왜 갑자기 개인의 기도를 하는 것일까요? 그 이유는 11절 마지막 부분을 통해서 알 수 있습니다. "그때에 내가 왕의 술 관원이 되었느니라."

느헤미야가 여호와께 구한 개인적인 형통과 하나님께 구한 것이 무엇입니까? 그것은 승진입니다. 참 이상합니다. 왜 갑자기 나라와 백성을 위해 기도하다가 느닷없이 승진을 위해 기도합니까? 그 승진이 환난에 빠진 나라와 백성들을 돕는 선한 기회가 될 수도 있겠다는 의도 때문입니다. 결국 기도의 응답을 받아 느헤미야가 술 관원이 됩니다. 술 관원이란 직책은 우리에게 아주 생소한 직책입니다. 술 관원이라는 자리가 어떤 직책입니까?

이 술 관원이 어떤 자리인지 이해를 돕기 위해서는 창세기에 나오는 요셉의 기사를 생각해 볼 필요가 있습니다. 요셉은 억울하게 감옥살이를 하게 됩니다. 그러나 감옥에서도 성실하여 총무를 맡았습니다. 이 때 두 관원장이 왕실 감옥에 들어옵니다. 한 사람은 떡 관원장, 또 한 사람은 술 관원장이었습니다. 이 두 사람이 같은 날 밤에 꿈을 꿉니다. 다음 날 이들이 자신들의 꿈을 해석하지 못해서 고민하게 되자 요셉이 그 꿈을 명쾌하게 해석해줍니다. 요셉의 해석대로 두 사람이 삼일 만에 석방 됩니다. 요셉의 꿈 해석대로 떡 관원장은 사형을 당하고, 술 관원장은 복직이 됩니다.

두 번의 봄 여름 가을 겨울이 지났습니다. 바로 왕이 꿈을 꾸고 그 꿈을 해몽하지 못하여 괴로워하자, 자신의 꿈을 해석해준 요셉을 깜박 잊고 있었던 술 관원장은 요셉을 생각해냅니다. 그리고 바로 왕에게 요셉을 꿈 해몽자로 천거합니다. 그러자 요셉은 감옥에서 왕궁으로 들어와 바로의 꿈을 해석하고, 급기야는 애굽의 전국 총리가 됩니다.

요셉을 바로 왕에게 꿈 해몽자로 천거한 사람이 누구입니까? 술 관원장이었습니다. 이 술 관원이라는 직책은 왕을 아주 가까이에서 모시면서 직언하는 고대세계에서는 아주 중요한 자리였습니다. 인사에 영향력을 미치는 자리이기에 더욱 중요했습니다. 그리고 자주 왕의 대화 상대가 되는 직책이었습니다. 한 나라의 인사에 영향력을 미칠 수 있는 자리라면 그 자리는 보통 자리가 아닙니다. 또 왕의 대화 상대가 될 수 있는 자리라면 그 자리는 보통 자리가 아닙니다. 그렇지 않습니까? 고대 제국에서는 왕의 독살 사건이 자주 일어났기 때문에 아무나 왕을 알현할 수 없었습니다. 이처럼 고대 왕궁에서 술 관원의 위치는 현재 우리가 생각하는 것과는 엄청난 차이가 있습니다. 단지 왕의 독살을 막기 위해서 왕의 음식에 들어오는 모든 술을 관리 점검 책임지는 그런 업무상의 자리 그 이상이었습니다. 쉽게 말하면 왕의 최 측근이라고 할 수 있습니다.

이 직책을 느헤미야가 맡게 되었다는 것입니다. 느헤미야가 페르시아 왕실의 높은 고위직을 두고 여호와께 형통을 구하고, 은혜를 구하여 승진되어 술 관원이 되었던 것입니다. 승진은 참 어렵고 힘듭니다. 웬만한 직장에 있는 사람들은 모두가 똑똑합니다. 청와대나 백악관 관리도 아무나 되지 않고 똑똑하고 유능한 사람이 됩니다. 마찬가지로 페르시아 수산 궁에도 유능한 인재들이 많았습니다. 그런데 느헤미야는 약소국 유다 출신이라는 출신 배경의 약점을 가지고 있었습니다. 그 당시 유대인이라는 약점을 가진 느헤미야가 왕궁 고위직으로 승진하는 것은 쉽지 않았을 것입니다. 아무리 최선을 다해도 이루기 힘든 것이 높은 자리로 승진하는 것입니다. 느헤미야는 자기 힘과 노력으로 힘들었기 때문에 여호와께 기도한 것입니다. 결국 응답을 받았습니다. 느헤미야가 간절히 구한 승진에 대한 기도는 응답됩니다. 그러나 유다 백성과 예루살렘 도성의 회복은 아직 응답되지 않았습니다.

그렇다면 이 느헤미야의 기도가 과연 얼마 동안 지속되었습니까? 최소 4개월에서 최대 6개월 동안 느헤미야는 수시로 금식하며 간절히 기도했습니다. 왜 4개월에서 6개월입니까? 느헤미야의 기도가 언제 시작되었습니까? "하가랴의 아들 느헤미야의 말이라 아닥사스다 왕 제이십년 기슬르월에 내가 수산 궁에 있는데"(느 1:1)라고 했습니다. 기슬르월은 유대력으로 아홉 번째 달입니다. 우리가 지금 사용하는 태양력으로는 11월 중순에서 12월 중순입니다.

그렇다면 느헤미야의 기도는 언제 끝이 났습니까? 니산월에 끝이 납니다. "아닥사스다 왕 제이십년 니산월에 왕 앞에 포도주가 있기로 내가 그 포도주를 왕에게 드렸는데 이전에는 내가 왕 앞에서 수심이 없었더니"(느 2;1)라고 했습니다. 그렇다면 니산월은 태양력으로 언제일까요? 3월 중순에서 4월 중순입니다. 그렇기 때문에 11월에서 4월로 잡으면 6개월이고, 12월에서 3월로 잡으면 4개월입니다. 그러므로 환난 당한 나라와 백성을 위한 느헤미야의 기도는 최소 4개월, 최대 6개월 동안 지속되었다고 볼 수 있습니다. 간절하게, 슬피 울며, 때로는 금식하며 그렇게 오랫동안 기도가 지속되던 것입니다.

기도에 응답을 받으려면 지속적으로 기도해야 합니다. 중도에 포기하면 안 됩니다. 응답에 대한 충분한 확신이 올 때까지 인내하며 기도해야 합니다. 그 응답이 예스(yes)든지, 노(no)든지, 아니면 기다리라는 웨이트(wait)이든지 끝까지 기도해야 합니다. 이것은 기도뿐만 아닙니다. 모든 분야에 적용되는 형통과 축복의 원리입니다. 무엇이든지 지속적으로 꾸준히 해야 합니다. 그래야 원하는 결과를 얻게 됩니다. 기도생활에 인내가 빠져 있다면 그것은 팥 없는 찐빵이요, 알맹이 없는 껍데기에 불과합니다. 그렇기 때문에 무슨 일이든지 쉽게 포기하지 말아야 합니다. 할 수 있는 데까지 끝까지 최선을 다해야 합니다. 그럴 때 내가 원하는 것, 내가 기대하는 것, 내가 그렇게 꿈꾸는 것을 얻을 수 있습니다. 이런 사람이 바로 인내의 사람입니다.

기도의 사람은 기다릴 줄 압니다. 그리스도인들은 인내의 사람, 끈기의 사람들이 되어야 합니다. 어느 책에서 좋은 글을 읽었습니다. "어떤 나무는 6시간이면 자란다. 호박은 6개월이면 자란다. 그러나 참나무는 6년이 걸리고, 심지어 건실한 참나무로 자태를 드러내려면 100년이 걸린다고 한다. 어떤 인물이 되고 싶은가를 결정해야 한다. 참나무와 같은 인물이 되어 하나님께 쓰임 받기를 원한다면 조급해서는 안 된다."

이뿐이 아닙니다. 많은 훌륭한 위인들이 인생에 있어서 인내의 중요성을 강조합니다.

"어느 것도 인내력을 대신할 수 없다. 뛰어난 두뇌도 인내력을 대신할 수 없다. 결단력만이 무엇이든 할 수 있는 힘이다." 미국 30대 대통령 캘빈 쿨리지의 말입니다.

"위대한 업적은 강력한 힘이 아니라 인내력에서 비롯되는 것이다." 사무엘 존슨의 말입니다.

"끈기를 가져라. 세상에서 끈기를 대신할 것은 아무것도 없다." 맥도널드 창업자 래이 크록의 말입니다.

"내가 내 목표에 도달할 수 있었던 비밀을 말씀 드리지요. 제 힘은 전적으로 제 끈기에서 나온 것입니다." 루이스 파스테르의 말입니다.

"Never never give up! 여러분이여 절대 절대 포기하지 마십시오." 윈스턴 처칠 경의 말입니다.

"인내할 수 있는 사람은 그가 바라는 것을 무엇이든 이룩할 수 있다." 벤자민 프랭클린의 말입니다.

"인내는 모든 문을 연다." 라 퐁텐의 말입니다.

"기대감을 갖고 인내하며 기다리는 것이 영적 삶의 기초이다." 시몬느 웨일의 말입니다.

인내는 사람을 움직이는 비결이요, 형통의 원리입니다. 형통의 사람에게 가장 중요한 것이 끈기입니다. 프랑스인들은 기다림, 그것이 인생이라고 합니다. 모든 성취, 모든 성공, 모든 아름다운 사랑의 관계가 바로 인내의 결과입니다. 예수님께서 이런 끈기와 인내의 삶을 사셨습니다.

"믿음의 주요 또 온전하게 하시는 이인 예수를 바라보자 그는 그 앞에 있는 기쁨을 위하여 십자가를 참으사 부끄러움을 개의치 아니하시더니 하나님 보좌 우편에 앉으셨느니라 너희가 피곤하여 낙심하지 않기 위하여 죄인들이 이같이 자기에게 거역한 일을 참으신 이를 생각하라"(히 12:2-3).

예수님께서 당하신 십자가의 고통이 어떠했습니까? 예수님께서 당하신 십자가의 조롱과 수치가 어떠했습니까? 우리는 그분이 당하신 고통을 잘 알고 있습니다. 예수님은 이 십자가의 고통을 앞으로 있을 좋은 것을 위하여 참았습니다. 구원의 완성을 통해 구원받을 하나님의 자녀들을 바라보며 십자가의 고통을 참았습니다.

"형제들아 주의 이름으로 말한 선지자들을 고난과 오래 참음의 본으로 삼으라 보라 인내하는 자를 우리가 복되다 하나니 너희가 욥의 인내를 들었고 주께서 주신 결말을 보았거니와 주는 가장 자비하시고 긍휼히 여기시는 이시니라"(약 5:10-11).

구약의 선지자들이 어떤 고난을 받았고, 그 고난을 얼마나 오래 참았는지 성경을 통해 알고 있습니다. 또한 욥의 인내를 우리는 잘 알고 있습니다. 그리고 그 인내의 결과가 무엇인지도 잘 알고 있습니다. 혹시 지금 너무 힘들어 뭔가 포기하려고 생각하고 계십니까? 한 번 더 생각해 보셔야 합니다. 한 번 더 기도해 보셔야 합니다. 예수님의 고난을 한 번 더 깊이 묵상해 보십시오. 고난을 참은 선지자들을 한 사람씩 떠 올려 보십시오. 구원의 완성을 위해 고난을 참으시고, 십자가에서 들려오는 주님의 음성에 귀를 기울여 보십시오.

우리도 니산월까지 지속적으로, 인내하며, 포기하지 말고, 간절히 기도해야 합니다. 인내하며, 믿음으로 느헤미야처럼 기도해야 합니다. 그렇게 되면 반드시 니산월에 임하는 기도 응답에 대한 축복이 임할 것입니다. 느헤미야의 끈질긴 기도에 응답하신 여호와 하나님께서 우리의 모든 기도에도 응답하실 것입니다. 이 기대와 소망 때문에 낙심과 절망 중에도 우리는 소망 중에 기도의 끈을 놓지 않을 수 있는 것입니다.

저 역시 부임하고 나서 3, 4개월 후부터 몇 분 장로님들 때문에 힘든 시간이 시작되었습니다. 어느 시점에서는 종료될 것이라 생각되었지만 그 시간은 끊임없이 계속되었습니다. 그러니 사역의 고통이 가중되었습니다. 처음 당해 보는 일들이라 참으로 막막했습니다. 한국 생활과 새 교회에 적응하는 것이 힘들었습니다. 뿐만 아니라 사춘기의 세 아이들도 한국생활과 새 학교에 적응하는데 굉장히 힘겨워하고 있을 때였습니다. 갑자기 힘겨운 파도가 서 너 개 한꺼번에 몰아닥친 셈이었습니다.

이때 신실하게 저를 위해 기도해주시는 두 분을 찾아가 저의 고민을 털어놓았습니다. 그랬더니 두 분 다 동일하게 하시는 말씀이 참아야 한다는 것이었습니다. 절대 포기하지 말고 인내하며 지금의 자리를 지켜야 한다고 했습니다. 고통이 곧 목회고, 목회가 곧 고통이라는 것이었습니다. 사울의 추격을 받는 다윗을 생각하면서 끝까지 참아야 한다고 도전과 격려를 하였습니다. 전임목사님께서 하신 말씀이 기억났습니다. "옥 목사, 목회는 참는 거에요. 이왕 참을 바엔 그 고통을 즐기세요." 부임 초기에 뜻하지 않게 다가온 힘겨운 목회의 여정을 통해서 무엇보다 그리스도의 인내를 배워야 했던 것입니다. 그 이후로 인내로 더욱 기도에 힘썼습니다. 제가 할 수 있는 일은 어렵고 힘든 일을 만나든지 느헤미야처럼 인내하며 기도하는 것 밖에 없었습니다. 결국 이 인내의 기도가 다 내려놓고, 포기하고 싶은 저의 사역을 지켜 준 것입니다.

참고 인내하는 것은 기도뿐만 아니라 삶의 모든 영역에 해당되는 영적 승리와 형통의 중요한 자질입니다. 어떤 어려움과 시련이 와도 그 고통을 참고 견딜 수만 있다면 그 결과는 참으로 아름답고 멋진 결실로 열매 맺을 것입니다. 무슨 일을 만나든지 주님의 십자가를 생각하며 좋은 일을 바라보며 끝까지 참고 견디십시다. 이런 믿음과 소망이 있다면, 현실의 고통 앞에서도 포기하지 않고 인내로 우뚝 서게 만들 것입니다.

13
얼굴에 수심이
느 2:1-5

느헤미야의 끈질긴 기도가 응답되었습니다. 결국 느헤미야는 술 관원장으로 승진되었습니다. 이제 술 관원장이 된 느헤미야는 기쁘게 업무를 시작했고, 왕 앞에 나갈 때마다 얼굴에 기쁨이 가득했습니다. 그러니 왕도 좋고, 느헤미야도 좋았습니다.

"아닥사스다 왕 제이십년 니산월에 왕 앞에 포도주가 있기로 내가 그 포도주를 왕에게 드렸는데 이전에는 내가 왕 앞에서 수심이 없었더니"(느 2:1).

느헤미야의 얼굴에 슬픈 기색도 없고, 근심도 없고, 두려움이나 불안도 없었습니다. 그런데 점점 느헤미야의 얼굴에 수심이 차기 시작했습니다.

그런데 느헤미야가 얼굴에 수심으로 인하여 왕에게 책망을 받습니다. 요직에 있으면서 모든 이들의 선망의 대상으로 살아가는 느헤미야의 얼굴에 수심이 가득할 이유가 없을 것입니다. 그런데 왜 얼굴에 수심이 가득했습니까? 무너진 예루살렘 성과 환난과 능욕을 당하고 있는 유다 동포 때문이었습니다. 마음에 근심이 있으면 얼굴에 드러납니다. 마음의 근심이 깊으면 육신이 병듭니다.

"마음의 즐거움은 얼굴을 빛나게 하여도 마음의 근심은 심령을 상하게 하느니라"(잠 15:13).

"마음의 즐거움은 양약이라도 심령의 근심은 뼈를 마르게 하느니라"(잠 17:22).

느헤미야에게 근심이 찾아왔습니다. 심령의 근심입니다. 이 근심을 감추기 위해서 애를 쓰고 있던 어느 날 왕 앞에 나갔습니다. 그런데 이게 웬일입니까? 왕을 기쁘고 즐겁게 해야 할 술 관원장이 그만 왕의 심기를 불편하게 만든 것입니다. 신하로서 불충입니다. 있어서는 안 될 일입니다. 신하로서 왕 앞에 나갈 때는 근심이 없는 밝은 모습으로 나가야 합니다. 그래야 술 맛이 좋고 왕에게 걱정을 끼쳐드리지 않을 것입니다. 개인적인 일로 인하여 얼굴 표정과 마음가짐이 흐트러져서는 안 됩니다. 그런데 왕이 느헤미야의 얼굴에 수심이 찬 것을 알아차린 것입니다. 그러자 느헤미야가 크게 두려워합니다. 왕을 근심케 한 죄로 목이 날아갈 수도 있습니다.

그렇지 않습니까? 모두가 밝은 얼굴을 좋아하지 근심과 슬픔에 찬 얼굴을 좋아하지 않습니다. 찡그린 얼굴, 어두운 얼굴, 화난 얼굴을 좋아할 사람은 없습니다. 상냥한 기사님, 친절한 종업원, 웃음 짓는 가족이 좋습니다. 얼마 전에 동사무소에 갔습니다. 민원서류를 구비하려고 여직원과 상담을 하는데, 시간이 좀 걸린다고 합니다. 그런데 이 여직원이 얼마나 친절하게, 밝게 그리고 꼼꼼하게 업무를 처리해 주는지 감동을 받았습니다. 저 정도면 비서로 채용해도 되겠다는 생각이 들 정도였습니다. 맛있는 사탕 한 통을 사서 선물로 주었습니다. 이 날 온종일 기쁘고 기분이 좋았습니다.

예수 잘 믿는 것이 무엇일까요? 예수 잘 믿는 사람은 뭐가 먼저 달라져야 할까요? 얼굴입니다. 얼굴 표정입니다. 예수님 잘 믿으면 얼굴 표정이 달라집니다. 성령님께서 말씀의 칼로 일그러진 심령을 고쳐주시기 때문에 그렇습니다. 성령의 인도하심을 받으면 자연스럽게 얼굴에서 광채가 나는 밝고 환한 얼굴로 변화됩니다. 그 사납고 괴로운 모세의 얼굴이 시내 산에 40일 동안 여호와를 대면하고 나자 그의 얼굴이 해와 같이 빛나는 얼굴로 변화되었습니다.

자녀의 얼굴 속에 누구의 얼굴이 있습니까? 부모의 얼굴입니다. 아들의 얼굴 속에 누구의 얼굴이 있습니까? 아버지의 얼굴입니다. 딸의 얼굴 속에 누구의 얼굴이 있습니까? 어머니의 얼굴입니다. 부모가 찡그리면 자식도 찡그리고, 부모가 웃으면 자식도 웃고, 부모가 어두우면 자식도 어둡습니다. 부모가 밝으면 자식도 밝습니다.

본대로 닮게 됩니다. 부모가 화내고 비난하고 정죄하고 불평하면 자식도 그렇게 됩니다. 반면에 부모가 감사하고 축복하고 칭찬하면 자식도 그렇게 됩니다. 심령에 엉겅퀴와 가시가 나게 하는 첫 번째 장소가 가정입니다. 반면에 자녀의 심령에 장미와 백합이 피게 하는 곳도 가정입니다. 그러므로 무엇보다 가정교육이 무척 중요합니다. 자식의 얼굴은 누가 만들어 갑니까? 부모입니다. 부모가 자식의 얼굴을 만들어갑니다. 자녀의 얼굴에는 부모의 모습이 그대로 묻어 있습니다. 부모는 자식의 얼굴을 만드는 성형의사요 정원사입니다. 부모가 집도하는 대로, 부모가 다듬는 대로 자녀의 표정이 달라집니다. 예수 믿는 사람은 누구의 얼굴이 있어야 합니까? 예수님의 얼굴입니다.

제 얼굴도 예전에는 참 어두웠습니다. 분노로 가득 찬 얼굴이었습니다. 자신에 대한 분노, 환경에 대한 분노, 교회지도자들에 대한 분노, 하나님에 대한 분노, 정치지도자들에 대한 분노로 가득 차 있었습니다. 그러던 어느 날 큰 깨달음이 왔습니다. 분노를 이대로 가지고 있다가는 나도 망하고, 아내와 자식들도 망하고, 교인들에게까지 독을 뿌리는 그런 부정적인 목사가 되겠다는 생각이 들었습니다. 그래서 결단하고 주님의 은혜를 구하고, 분노로 가득 찬 심령을 고쳐달라고 기도하고 또 기도했습니다. 그랬더니 어느 날 성령의 생수가 내 심령에 임하고, 내 안에 더러운 것들이 다 씻겨나갔습니다. 그리고 난 다음부터 제 얼굴색이 달라졌습니다. 뜻하지 않게 쌍꺼풀까지 생기게 되었습니다. 원래 제 눈이 좀 작습니다. 그런데 은혜 받은 날 쌍꺼풀까지 선물로 받은 것입니다. 어느 날 아내가 내게 쌍꺼풀 생겼다고 하기에 거울을 자세히 보니 정말 쌍꺼풀이 생겼습니다. 그러면서 제 뒤에서 아내가 던진 말을 저는 평생 잊지 못합니다.

"you're so changed. (당신, 참 많이 변했어.)"

예전에 제가 참 못 됐거든요. 살인 눈빛이었습니다. 그런데 성령님께서 생수의 강물로 심령을 씻어주시고, 쌍꺼풀까지 주시면서 제 심령과 얼굴을 변화시켜 주셨습니다. 이후부터 거울 앞에 설 때마다 웃는 연습을 했습니다. 그동안 웃지 못한 세월이 너무 아까웠기 때문입니다. 성령님께서 저를 웃게 만드셨습니다. 남편이 웃어야 아내가 웃습니다. 부모가 웃어야 자녀들도 웃습니다. 할아버지, 할머니가 웃어야 손자, 손녀가 웃습니다. 성령님께서 저의 얼굴을 바꾸어주신 날을 저는 결코 잊지 못합니다. 얼굴 모습이 바뀌었다는 것은 심령이 바뀌었다는 말이기도 합니다.

우리 인생은 원래 웃는 모습으로 태어났습니다. 그런데 아담이 범죄하여 우리는 웃을 수 없는 인생으로 변해 버렸습니다. 첫 사람인 아담의 범죄 결과로 저주 받은 인생이 되었습니다. 무엇이 저주입니까? 웃어야 하는데, 웃지 못하는 것이 저주입니다. 울어야 하는데 울지 못하는 것도 문제입니다. 심령에 병이 생긴 것입니다. 심령이 고장 나 버린 것입니다. 우리는 아담의 불순종으로 기쁨의 동산 에덴에서 쫓겨난 인생입니다. 그 결과 가시와 엉겅퀴로 얼룩진 병들고 고장 난 영혼이 되어 버렸습니다.

"아담에게 이르시되 네가 네 아내의 말을 듣고 내가 네가 먹지 말라 한 나무의 열매를 먹었은즉 땅은 너로 말미암아 저주를 받고 너는 네 평생에 수고하여야 그 소산을 먹으리라 땅이 네게 가시덤불과 엉겅퀴를 낼 것이라 네가 먹을 것은 밭의 채소인즉 네가 흙으로 돌아갈 때까지 얼굴에 땀을 흘려야 먹을 것을 먹으리니 네가 그것에서 취함을 입었음이라 너는 흙이니 흙으로 돌아갈 것이니라 하시니라"(창 3:17-19).

불순종으로 저주 받은 인생인 우리가 어떻게 웃을 수 있습니까? 땅이 저주를 받아 가시덤불과 엉겅퀴로 가득한데 어떻게 웃을 수 있습니까? 수고하고 땀을 흘려야 먹을 것을 먹을 수 있는데 우리가 어떻게 웃을 수 있습니까? 영혼은 저주 받아 지옥 가고, 육신은 흙으로 돌아가는 허무한 인생인데 어떻게 웃을 수 있단 말입니까?

"그러므로 한 사람으로 말미암아 죄가 세상에 들어오고 죄로 말미암아 사망이 들어왔나니 이와 같이 모든 사람이 죄를 지었으므로 사망이 모든 사람에게 이르렀느니라"(롬 5:12).

어느 날, 죄로 말미암아 하나님께 사형선고를 받은 웃을 수 없는 인생, 버려진 인생, 영원한 근심으로 살아가야 할 인생인 우리에게 하나님의 사랑이 찾아옵니다. 그리고 성령님의 인도로 예수님께서 우리 마음에 들어오십니다. 그리고 우리는 믿음으로 예수님을 나의 구원자, 나의 하나님, 내 웃음의 근원자로 모셔 들이고 웃는 인생으로 변화됩니다. 우리는 모두 구원 받을 수 없는 자였습니다. 구원 받을 자격도 없는 자였습니다. 구원에 합당한 선행과 의라고는 어디 하나라도 찾아볼 수 없는 저주 받은 인생이며, 천국과는 전혀 상관없는 인생이었습니다. 그런데 느닷없이 찾아오신 하나님의 사랑과 하나님의 은혜가 성도인 우리를 영원히 웃는 인생, 축복된 인생, 영광스럽고 존귀한 인생으로 바꿔 버린 것입니다.

"네가 만일 네 입으로 예수를 주로 시인하며 또 하나님께서 그를 죽은 자 가운데서 살리신 것을 네 마음에 믿으면 구원을 받으리라 사람이 마음으로 믿어 의에 이르고 입으로 시인하여 구원에 이르느니라 성경에 이르되 누구든지 그를 믿는 자는 부끄러움을 당하지 아니하리라"(롬 10:9-11).

우리가 잘 나서, 똑똑해서 예수 믿게 되었나요? 그렇지 않습니다. 우리가 잘 나서 된 것은 하나도 없습니다. 전적인 하나님의 은혜입니다. 무조건적인 하나님의 사랑입니다. 전적으로 타락한 우리의 이성으로는 도저히 믿을 수 없는 예수 십자가와 부활을 믿어 의인이 되었습니다. 영생을 소유하는 천국 백성이 되었습니다. 이 믿음을 내 안에서 내가 만들었습니까? 그렇지 않습니다. 전적인 하나님의 은혜입니다. 바깥에서 내게로 찾아온 은혜입니다. 그래서 우리는 이 어처구니없는 역설 앞에서 웃을 수밖에 없는 것입니다. '나 같은 죄인도 구원 받았구나.', '아, 어떻게 나 같은 죄인이 구원을 받는가!' 이 기적 같은 사건 앞에 웃을 수밖에 없습니다.

죄인인 저와 여러분이 예수 믿었다는 것은 가장 우스운 사건입니다. 겉을 보고, 속을 보아도 있는 것은 죄밖에 없습니다. 머리부터 발끝까지 죄 덩어리입니다. 먹고 나기만 하면 죄 지을 궁리밖에 하지 않는 것이 죄인인 우리네 인생이었습니다. 그런 우리가 예수 믿고 하나님의 자녀가 되었습니다. 이것은 정말 기적적인 사건입니다. 정말 어메이징 스토리(amazing story)입니다.

100세 된 아브라함에게 아직 자식이 없었습니다. 그런데 여호와께서는 열 살 아래인 아내를 통해 아들을 갖게 될 것이라 합니다. 이 말을 아브라함은 믿었습니다. 불가능한데 믿었습니다. 늙은 자신과 아내 사라가 아들을 가지게 된다는 정말 바랄 수 없는 말을 바라고 믿었던 것입니다. 그랬더니 어떻게 되었습니까? 사라가 90세에 이삭을 낳았습니다. 이삭의 뜻은 '웃음'입니다. 사라가 이삭을 낳고 엄청 웃었습니다. 임신할 때부터 웃었습니다. 아들 없어 웃지 못하던 인생인 아브라함과 사라를 여호와께서 웃게 만드셨습니다. 그래서 그 아들의 이름을 이삭이라 지었습니다.

"사라가 이르되 하나님이 나를 웃게 하시니 듣는 자가 다 나와 함께 웃으리로다"(창 21:6).

우리 안에는 웃음의 근원인 나의 이삭, 예수님이 계십니다. 예수님을 통한 구원의 기쁨이 있습니다. 감격이 있습니다. 저와 여러분도 한 때는 아브라함과 사라였습니다. 황폐한 심령이었습니다. 상속자를 얻을 수 없는, 소망 없는 인생이었습니다. 이삭을 잉태할 자격 없는 자였습니다. 노년의 사라 같은 폐경기 인생, 황폐한 인생이었습니다. 그런데 성령님의 도우심과 믿음으로 예수님을 잉태했습니다. 믿음으로 예수님을 출산했습니다. 예수님을 통해 구원이라는 아들 이삭을 얻게 되었습니다. 이 구원 때문에 축복된 인생, 웃는 인생으로 바뀌게 되었습니다.

"나는 웃을 수 없어. 나의 인생, 나의 삶이 너무나 고통스러웠어. 저주 받은 인생이었어. 죽지 못해 사는 인생이었어. 그런데 어떻게 예수 때문에 웃을 수 있단 말이야. 천만의 말씀. 입에서 욕밖에 나오지 않아. 저주 밖에 나오지 않아. 나는 날마다 인생을 저주해. 하나님을 원망해. 내 인생은 끝없는 낙태야, 폐경기야. 내 영혼은 완전히 썩었어. 쓰레기통이야. 썩은 냄새가 푹푹 나. 그런데 예수님 때문에 웃을 수 있다고? 천만에 말씀이야."

예수 믿었는데 아직까지 이런 마음이 드십니까? 웃을 수 없는 완벽한 이유를 가지고 있다고 확신하십니까? 웃을 수 없는 완벽한 사연을 가지고 계십니까? 예수 믿어 경험한 이 구원의 사건 하나 만으로도 우리는 충분히 웃고 기뻐할 수 있는 것입니다.

이제 자신의 얼굴에 수심이 가득하다는 왕의 지적을 받은 느헤미야는 마음을 가다듬고 왕 앞에 자기의 수심에 대해서 정직하게 고백합니다.

"왕께 대답하되 왕은 만세수를 하옵소서 내 조상들의 묘실이 있

느헤미야는 자기의 수심에 찬 이유를 환난과 능욕 당한 예루살렘 성읍과 백성들 때문이라고 말합니다. 그러자 이 대답을 들은 아닥사스다 왕이 뭐라고 되묻습니까?

느헤미야는 왕으로부터 "네가 무엇을 원하느냐?"라고 하는 예상치 못한 질문을 받습니다. 그러자 느헤미야는 마음속 깊은 곳에서 품고 있는 수심의 이유를 왕께 아룁니다. 왕께 은혜를 입었으면 유다 땅 무너진 성읍, 예루살렘에 건축자로 보내 달라고 간청을 합니다. 참으로 놀라운 장면입니다.

하나님께서 누구의 기도에 귀를 기울이십니까? 솔직한 기도입니다. 진실 된 기도입니다. 이럴 때 하나님께서 그 간구에 응답하시고, 평강의 축복을 주십니다. 마음속에 있는 소원과 간구를 숨기지 말고 하나님께 다 아뢰어야 합니다. 무엇이든지 하나님께 다 아뢰어야 합니다. 그러면 하나님께서 가장 좋은 것으로 응답해 주십니다.

"아무것도 염려하지 말고 다만 모든 일에 기도와 간구로, 너희 구할 것을 감사함으로 하나님께 아뢰라 그리하면 모든 지각에 뛰어난 하나님의 평강이 그리스도 예수 안에서 너희 마음과 생각을 지키시리라"(빌 4:6-7).

우리 마음과 생각을 지켜주는 가장 강력한 영적 무기는 바로 감사 기도입니다. 감사로 기도하는 사람 앞에 염려도, 근심도, 걱정도 절대 침범하지 못합니다. 감사 기도하는 사람의 마음과 생각 속에 하나님의 평강이 임합니다. 이렇게 감사 기도하면 상하고 깨어진 심령이 말씀과 성령으로 치유되고 회복됩니다. 생수의 강물이 흘러 넘칩니다. 기쁘고 밝은 얼굴로 변화됩니다. 우리는 무시로 성령 안에서 감사 기도해야 합니다. 수심에 가득 찬 얼굴이 변화되어 웃는 얼굴, 기쁨의 얼굴로 변화될 것입니다.

저 역시 부임 초기에는 목회 사역이 참 힘들었습니다. 그래도 날마다 감사하려고 노력했습니다. 귀한 교회로 보내주셔서 감사했습니다. 사실 한 번도 동도교회에서 목회 사역을 하리라고는 꿈꾸지 않았습니다. 제 생각 밖의 교회였습니다. 이력서를 넣을 때도 100% 안 될 것을 확신했습니다. 그런데 그 이력서 한 장이 저를 이 교회로 인도한 것입니다. 제가 이 교회에 부임한 것은 정말 기적이었습니다. 부러워하는 동료들도 많았습니다. 제가 생각해도 저는 복 받은 자였습니다. 저의 무엇을 보셨기에 이곳으로 인도했는지 알 수 없었습니다. 그래서 힘든 사역으로 얼굴에 수심이 늘어갔지만, 이런 중에도 나 같이 부족한 사람을 동도교회 담임으로 세워주신 하나님께 감사와 찬양을 쉬지 않고 드렸습니다. 그럴 때마다 성령님께서 은혜를 주시고, 감당할 수 있는 능력을 주셨습니다. 새벽마다 감사의 기도로 눈물이 앞으로 가리지 않았습니다. 감사 기도가 힘과 능력이라는 것을 깊이 깨달았습니다. 감사 기도가 염려와 근심, 아픔과 상처를 씻어 주는 하늘의 치료제임을 더 깊이 깨닫게 되었습니다. 부임 1년 만에 과로로 병원에 입원을 하기도 했습니다. 이때도 하나님께 감사와 찬양을 드렸습니다. 동도교회에 부임하여 감사 기도가 넘쳤다고 생각합니다.

"내가 할 수 있는 것은 오직 감사와 기도/ 두 손을 높이 들고 주께 찬양하네."

이 찬양을 많이 불렀습니다. 걱정과 염려 없는 인생이 어디 있겠습니까? 이런 저런 이유로 모든 인생은 수심으로 가득 찬 삶을 살아갑니다. 그런데 예수 만나서 인간의 근본적인 근심과 걱정의 문제를 해결 받고 기쁨 가득한 얼굴이 되었으니 참으로 감격스럽습니다. 영원히 수심으로 가득 차야 할 우리의 일그러진 모습을 해와 같이 빛나는 얼굴로 바꾸어주셨으니, 이 은혜와 사랑 때문에라도 영원히 주님을 찬양하고 감사해야 할 것입니다. 주님이 함께 하면 언제나 우리의 얼굴은 기쁨으로 가득 차게 될 것입니다. 우리의 모든 수심을 주님께 맡겨버리고, 늘 웃으며 사십시다.

14

기한을 정하고

느 2:6-10

느헤미야의 근심이 아닥사스다 왕 앞에서 숨김없이 드러나 버렸습니다. 근심은 숨길 수 없습니다. 다 드러나게 되어 있습니다. 그런데 느헤미야가 자신의 근심을 왕께 고하자, 왕이 느헤미야의 근심을 해결해 주었습니다. 우리의 영적인 문제도 마찬가지입니다. 우리의 근심을 하나님께 다 아뢸 때 그것이 사라지고 하나님의 평강이 임하게 됩니다. 느헤미야의 얼굴에 수심이 가득한 이유는 다름이 아니라 황폐한 예루살렘 성읍 때문이라는 것을 왕이 알았습니다. 그리고 느헤미야의 소원과 꿈이 유다로 가서 무너진 예루살렘 성읍을 재건하는 것이라는 사실도 왕이 알게 되었습니다. 그러자 아닥사스다 왕은 느헤미야의 요청을 반대하지 않고, 즉각적으로 승낙을 합니다.

왕이 느헤미야에게 예루살렘 성읍을 재건하도록 보내주겠다고 하면서 기한을 정하라고 합니다. 느헤미야가 유다로 간다면 언제 다녀올 것이며, 얼마 동안 있다가, 언제쯤 올 것이냐고 묻습니다. 게다가 기한까지 느헤미야에게 정하라고 합니다. 느헤미야가 왕의 말을 듣고 얼마나 기뻤을까요? 이 말을 듣는 순간 느헤미야는 "왕이여, 알겠습니다. 저에게 좀 시간적인 여유를 주십시오. 가서 보고 자료를 준비하고, 언제 가서 언제 돌아올지 천천히 보고 드리겠습니다."라고 대답을 했습니까? 그렇지 않습니다. 즉석에서 왕의 질문에 이렇게 답을 합니다.

본문 7절에서는 강 서쪽 총독들에게 조서를 내려 달라고 합니다. 강은 어느 강을 말합니까? 유프라테스 강입니다. 유프라테스 강 건너 서쪽 지역들을 다스리는 관리들에게 자기와 일행들이 유다 까지 안전하게 통과할 수 있도록 왕의 직인이 찍힌 조서를 내려 달라고 요청합니다. 참 지혜롭습니다. 8절에서는 삼림 감독 아삽에게 조서를 내려달라고 합니다. 아마 이 아삽은 레바논 지역의 삼림 감독인 것 같습니다. 예루살렘 성읍을 재건하기 위해 필요한 좋은 목재가 풍부한 곳으로 예루살렘에서 가장 가까운 곳이 바로 레바논입니다. 또 건축용으로 가정 적절한 나무가 바로 백향목입니다. 레바논은 이 백향목의 집산지였습니다.

그렇기 때문에 느헤미야는 왕께 레바논 지역의 삼림 감독인 아삽에게 예루살렘 성읍 재건과 자기 거처를 지을 필요한 모든 목재를 사용할 수 있도록 허락을 내려 달라고 요청합니다. 참 치밀합니다. 이렇게 느헤미야가 치밀하게 준비된 제안을 하자 왕이 듣고서는, 느헤미야를 유다와 예루살렘 총독으로 임명하고 그곳으로 파송할 것을 허락합니다. "내 하나님의 선한 손이 나를 도우시므로 왕이 허락하고"(느 2:8).

느헤미야가 왕의 허락을 받은 후부터 유다 총독으로 떠나기까지의 시간적인 간격이 얼마나 있었는지 정확히 알 수 없습니다. 그렇게 길지는 않았을 것입니다. 이제 페르시아 제국의 총독이 된 느헤미야는 군대장관과 마병을 데리고 예루살렘으로 떠납니다. 느헤미야는 먼저 군대장관과 마병을 보내어 서쪽 총독들에게 왕의 조서를 전합니다. 그러자 누구보다 사마리아 지역을 관할하고 있던 호론 출신 총독 산발랏과 암몬 지역의 총독 도비야가 근심에 빠집니다. 이유는 왕의 신뢰를 받는 유대인 느헤미야가 유다와 예루살렘 총독으로 부임했기 때문입니다. 이제 더 이상 자기들 마음대로 이 지역에서 영향력을 행사할 수 없었기 때문에 두려웠던 것입니다.

느헤미야가 왕의 허락을 받고 치밀한 계획을 세운 후 유다와 예루살렘의 총독으로 부임하는 모습을 통해서, 그가 예루살렘 성읍의 재건이라는 자신의 꿈을 위해 얼마나 치밀하게 준비하며 계획을 세웠는지 알게 됩니다. 느헤미야는 적어도 4개월 동안 자신의 꿈을 위해 기도만 하지 않았습니다. 기도하는 만큼 치밀한 계획을 세웠습니다. 믿음을 가지고, 하나님께서 반드시 자신의 꿈을 이루실 것이라는 확신으로 갖고 기도하며 치밀하게 계획을 세웠던 것입니다.

꿈의 성취를 위한 열망을 가진 사람은 기도만 하지 않습니다. 기도도 하고, 동시에 치밀하게 준비하고 계획을 세웁니다. 믿음과 기도만 지나치게 강조하다 보면, 자신도 모르게 준비와 계획을 소홀히 할 수도 있습니다. 하나님의 능력만 강조하다 보면 인간의 노력을 소홀히 할 수 있습니다.

본문에 기도의 사람 느헤미야의 준비성과 치밀함이 두드러지게 나타나 있습니다. 소원과 꿈이 성취되는 것은 결코 쉽지 않습니다. 그냥 주먹구구식으로 열정만 가지고, 믿음으로 밀어 붙이기만 하면

되는 일이 아닙니다. 기도만 한다고 성취되지 않습니다.

느헤미야는 불타서 무너진 예루살렘 성읍의 재건을 위해 어떻게 했습니까? 환난 당한 백성들을 돕고 그들에게 꿈과 희망을 주는 재건 사업을 위해 어떻게 했습니까? 적어도 4개월 이상 정규적으로 금식하면서 기도했습니다. 그리고 치밀하게 계획을 세우고 준비했습니다. 또 남몰래 시간을 내어서 치밀하게 실행 계획을 세웠습니다. 왕의 허락만 떨어지면 즉시 실행할 수 있는 복안과 계획을 가지고 있었습니다.

느헤미야는 "앞으로 자신이 무엇을 어떻게 할 것인지? 언제 갔다가, 언제 돌아올 것인지? 성벽 재건을 위한 예산과 재료가 무엇이 필요한지? 어떤 경로를 통해 유다로 돌아올 것인지? 필요한 통행 서류와 절차가 무엇인지? 이 일이 성취되기 위하여 가장 중요한 것이 무엇인지? 극복해야 할 장애물이 무엇인지?" 이런 여러 가지 문제를 놓고 치밀하게 계획을 세운 것입니다. 총독의 관저까지 어디에 지을 것인지? 그리고 무엇으로 어떻게 지을지? 이미 치밀한 복안과 계획을 다 가지고 있었습니다. 그리고 마침내 기회가 오자 즉시 왕께 보고할 수 있었습니다. 하나님께서는 준비된 자를 사용하십니다.

1911년 두 탐험대가 남극 정복의 비전을 가지고 출발했습니다. 노르웨이의 탐험가 로널드 아문센과 영국의 탐험가 캘콘 스코트 경입니다.

아문센은 에스키모의 여행법과 남극 지경을 여행한 사람들의 경험담을 철저히 분석하고 탐험 장비와 루트를 연구했습니다. 장비와 물품을 운반하는 최상의 길로 에스키모 개를 선택했고, 복장과 장비는 가볍고 튼튼한 최상의 것으로 준비했습니다. 그리고 개와 탐험대원들이 너무 무리하지 않도록 하루에 6시간씩 15~20마일을 움직였습니다. 아주 작은 것 까지도 철저하게 준비해서 탐험대원 모두가 안전하게 남극점을 정복하고 돌아올 수 있었습니다.

반면에 영국 해군 장교였던 스코트는 남극 지방을 몇 번 여행한 경험이 있어 그랬는지, 전혀 상세한 사전 답사를 하지 않았습니다. 아문센과 달리 스코트는 장비와 물품을 운반하는 최상의 길로 모터 엔진으로 끄는 썰매와 망아지를 선택했습니다. 탐험 닷새 만에 모터 엔진은 얼어붙고, 망아지는 동상에 걸려 죽었습니다. 탐험대원들이 200파운드가 넘는 짐을 썰매에 놓고 망아지 대신 썰매를 끌었습니다. 복장과 장비도 제대로 준비하지 못했습니다. 눈 안경도 준비하지 않아 눈보라 속에 거의 장님이 되었다고 합니다. 결국 아문센 팀이 한 달 먼저 남극점에 도착하고, 한 달 후에 스코트 탐험대가 도착하게 됩니다. 거기에다 아문센 탐험대는 모두 무사히 귀환하였지만, 스코트 탐험대는 돌아오는 길에 굶주림과 추위로 많은 대원들이 죽었습니다. 스코트의 체계적인 준비 부족은 대원들뿐만 아니라 자신도 죽음으로 몰아넣은 것입니다. 아문센의 철저히 준비가 성공의 결심을 이룬 것입니다.

"장작을 패는 데 쓸 수 있는 시간이 8시간이라면, 나는 그 중 6시간 동안 도끼날을 날카롭게 세울 것이다." 아브라함 링컨의 말입니다.

"네가 자기의 일에 능숙한 사람을 보았느냐 이러한 사람은 왕 앞에 설 것이요 천한 자 앞에 서지 아니하리라." 잠언 22장 29절 말씀입니다. 여기에 능숙하다는 것은 잘 준비되었다는 뜻입니다. 잘 준비된 사람이 존귀함을 얻게 된다는 말씀입니다.

"내 삶에는 실패가 많았다. 다시 기회가 주어진다면 바꾸고 싶은 부분도 많다. 무엇보다 나는 설교를 줄이고 공부를 더 하고 싶다." 빌리 그레이엄 목사의 말입니다. 목회자로서 공부를 통해서 더 준비하고 싶다는 말입니다.

"남들보다 일찍 일어나고 늦게 자며 동시대 사람들보다 더 열심히 일하고 더 부지런히 공부할 마음이 없는 자는 자기 세대에 감화를 줄 수 없다." 영적 지도력의 대가인 오스왈드 샌더스 목사의 말입니다. 더 잘 준비된 자가 이 세대에 큰 감화를 끼칠 수 있다는 것입니다.

"책을 읽는다는 것은 많은 경우 자신의 미래를 만든다는 것과 같은 뜻입니다." 랄프 왈도 에머슨의 말입니다. 미래를 꿈꾸고 좀 나은 삶을 위해 준비하는 사람은 책을 손에서 놓지 않습니다.

"철이 철을 날카롭게 하는 것 같이 사람이 그의 친구의 얼굴을 빛나게 하느니라." 잠언 27장 17절 말씀입니다.

철저한 준비가 미래의 그 사람을 더 존귀하게 만듭니다. 계획입니다. 준비입니다. 막연한 계획과 준비가 아니라, 철저하고 치밀한 계획을 세워야 합니다. 그래야 자신이 꿈꾸는 일을 성취할 수 있습니다. 성공하고, 승리하는 것보다 더 중요한 것이 미래를 위해 치밀하게 준비하는 것입니다.

일은 치밀하게, 정확하게 해야 하지만, 관계는 느슨하게 해야 합니다. 관계는 좀 어수룩하고, 느슨해도 괜찮습니다. 좀 바보스러워도 괜찮습니다. 어쩌면 이렇게 사는 것이 더 지혜로울 수 있습니다. 관계적인 면에서 너무 정확하고, 딱 부러지면 사람이 모이지 않습니다. 외롭습니다. 사람들이 왜 예수님 주변에 그렇게 많이 따라 다녔습니까? 관계가 느슨했기 때문입니다. 율법대로 사람들을 비난하고 정죄하면 사람들이 부담스러워 합니다. '이 사람은 되고, 저 사람은 안 돼.' 그렇게 미리 마음속으로 영(○)표, 엑스(×)표를 쳐버리고 관계를 맺으면 안 됩니다. 오히려 남들이 엑스표 하는 이들을 영표하고 만나야 합니다. 부담스러운 사람을 더 가까이 해야 합니다. 이런 모습이 더 성숙된 모습이라 할 수 있습니다.

"미숙한 사람은 자기와 닮은 사람만 좋아하고, 성숙한 사람은 자기와 다른 사람을 좋아한다." 프레스 스미스의 말입니다. 귀 담아 들을 귀한 말입니다.

예수님은 유대인들이 개 같이 여기는 사마리아 여인도 만났습니다. 예수님은 접촉하면 불결해 진다고 꺼리는 나병환자, 창기들과 접촉하며 만났습니다. 예수님은 당시 죄인으로 정죄된 세리의 집을 방문하고 식사까지 하셨습니다. 예수님은 사람들이 우습게 여기는 어린 아이들도 가까이 오게 하여 무릎에 앉히고 축복까지 하셨습니다.

그런데 자칭 의인이요, 당대 가장 거룩한 자라고 자부하던 바리새인들은 어떠했습니까? 그들은 자기들과 비슷한 사람들 하고만 어울렸습니다. 자기와 다른 사람을 비난하고, 멸시하고, 차별하고, 천하게 여겼습니다. 끼리끼리만 뭉쳐 다녔습니다. 가장 의로운 자라고 자처하면서 유별난 복장까지 입고 다녔습니다. 왜 그렇습니까? 자기들은 남들과 다른 사람, 좀 특별한 사람, 하나님께 더 가까이에 있는 거룩한 사람, 세상 죄악과 분리된 구원받은 사람, 당대의 제사장이라는 특권의식과 우쭐함에 빠져 있었습니다. 자기들만이 잘 나고, 유별나고, 특별한 사람이라고 생각하니 주변 사람들을 어떻게 보았습니까? 우습게 생각했습니다. 겉으로는 표시 안 해도 속으로는 웃긴다고 생각했습니다. 그러니 어떻습니까? 사람들이 많이 따라 다녔을까요? 바리새인의 의식과 교리대로 그렇게만 살았으면 좋지요. 그런데 이들은 종교적 가르침과 행동이 너무 달랐습니다. 겉으로는 너무 거룩하고, 깨끗한 것과 불결한 것을 정확하게 구별하며 살았지만, 속으로는 할 짓 다하고 다녔습니다. 돈을 너무 좋아했습니다. 율법에 먹지 말라고 규정된 것을 몰래 더 먹었습니다. 상석만 좋아하고, 인사 받는 것을 좋아했습니다. 사람들에게 드러나는 것을 너무 좋아했습니다.

누가 그랬다는 것입니까? 자칭 하나님 앞에서 세상과 분리된, 구별된 삶을 산다고 하면서 당대 제사장이라는 특권의식을 가졌다고 행세한 바리새인들이 그랬다는 것입니다. 그러니 그들에게는 일반 백성들이 가까이 하지 않았습니다. 우리는 인간관계를 예수님처럼 느슨하게, 포괄적으로 해야 합니다. 그리고 사랑으로 해야 합니다. 바리새인처럼 하면 관계는 꼬이고, 문제가 일어납니다.

오늘 우리 사회에 비친 한국교회의 모습이 혹시 바리새인과 같지 않을까 조금은 염려가 됩니다. 어쨌든 관계는 느슨하고, 일은 정확해야 합니다. 왜 그렇습니까? 그 오차가 결국 그 일을 망쳐 버리기 때문입니다. 오래 전의 일입니다. 1986년 1월 28일, 7명의 우주인을 태운 우주왕복선 첼린지호가 공중에서 폭발해 버렸습니다. 오랜 조사 결과, 사고 원인은 큰 데 있지 않았습니다. 아주 작은 제로 링이라는 고무패킹의 결함으로 이런 대형 참사가 나버린 것입니다. 이 작업 맡은 기술자가 정확히, 꼼꼼히 했다면 이런 참사가 일어나지 않았을 것입니다. 일 준비는 철저히, 세밀하게 해야 합니다. 그래야 뜻한 바를 이룰 수 있습니다.

그리스도인들이, 직장에서 학교에서 맡은 일을 감당할 때에 어떻게 해야 합니까? 그리스도인은 자기가 맡은 일을 느헤미야처럼 주도면밀하게 준비해서 실행해야 합니다. 교회의 봉사도, 직장의 일도, 학교의 공부도 철저하게 준비하고 실행해야 합니다. 새벽에 하루를 준비하고, 월요일에 한 주를 준비하고, 주초에 한 달을 준비하고, 분기 초에 분기를 준비하고, 년 초에 한 해를 준비해야 합니다.

여호와 하나님께서 천지를 창조하실 때 어떻게 하셨습니까? 그냥 생각나는 대로, 감정대로, 기분대로 무질서하게 아무렇게나 막연하게 준비하고 창조하셨을까요? 그렇지 않습니다. 철저한 계획을 세우시고, 준비하신 후에 창조하셨습니다. 어떻게 그 사실을 알 수 있습니까? 창세기에 나오는 창조 기사를 자세히 읽어보면 그 사실을 알 수 있습니다. 첫째, 둘째, 셋째 날은 환경을 만들고, 넷째, 다섯째, 여섯째 날에는 내용물을 창조하셨습니다. 쉽게 말하면 이 삿짐 넣기 전에 방을 도배하고, 마루를 깔았지, 도배와 마루 장판을 깔기 전에 가구를 집어넣지 않았다는 말씀입니다.

그렇게 여호와 하나님께서는 준비와 계획을 철저히 해서 창조하셨습니다. 나중에 여호와 하나님께서 직접 창조의 세계를 보실 때에 보시기에 좋았다고 했고, 또 사람을 창조하신 후에는 보기에 심히 좋았다는 극찬을 하실 수 있었습니다. 여호와 하나님께서는 에덴동산을 다 만들고 나서 아담과 하와를 창조하셨습니다. 바다를 창조하고 나서 고기를 창조하셨습니다. 하늘을 창조하신 후에 해와 별과 달을 만드셨습니다. 육지와 땅을 만드신 후에 동물과 식물을 창조하셨던 것입니다. 질서 있게 준비와 계획을 철저하게 하신 후에 창조 작업을 하신 것입니다. 걸작, 명작, 명품 인생 역시 철저한 준비와 치밀한 계획 아래서 만들어 지는 것입니다.

죄로 인하여 버려지고 망가진 인생인 우리를 명품 인생, 걸작품으로 만드는 구원의 역사는 철저하게 계획되고 준비되었습니다. 역사와 문화와 사회적인 모든 때와 여건이 갖추어졌을 때 하나님께서 독생자 예수 그리스도를 이 땅에 보내셨던 것입니다. 때가 차매 예수님께서 마리아를 통해서 이 땅에 오시게 되었습니다(갈 4:4). 예수님께서 오신 때가 언제였습니까? 정치적으로는 로마제국이 통치하던 때이고, 문화적으로는 헬라가 통치하던 때였습니다. 헬라 문화와 로마제국을 통해 전 세계에 복음이 전파될 소통의 인프라가 다 구축된 때였습니다. 신 구약 성경 66권이 완성되고, 복음이 가장 효율적으로 전해질 때였습니다. 애굽이 전 세계를 통치하던, 모세가 출생한 시대와 매우 흡사한 때였습니다. 이렇게 가장 적합한 시기에 하나님께서 구역의 역사의 완성을 위해 예수님을 이 땅에 보내신 것입니다. 구원 역사의 환경이 모두 잘 준비되자, 하나님은 독생자 예수를 구원자로 유대 땅에 보내셨습니다. 그리고 예수 십자가와 부활을 로마제국이 미리 닦아 놓은 길로 사도들을 통해 전파하여 교회를 세웠습니다. 그리고 마침내 유대 땅 예루살렘에서 울려 퍼진 복음이 마침내 로마를 정복해 버렸습니다. 개인의 구원도 성부 하나님께서 예정하고, 성자 예수님께서 구속하시고, 성령 하나님께서 인치시고 보증이 되어주셨기 때문에, 하나님의 자녀가 되는 구원을 경험하게 된 것입니다.

"곧 창세 전에 그리스도 안에서 우리를 택하사 우리로 사랑 안에서 그 앞에 거룩하고 흠이 없게 하시려고 그 기쁘신 뜻대로 우리를 예정하사 예수 그리스도로 말미암아 자기의 아들들이 되게 하셨으니"(엡 1:4-5).

성부 하나님께서 저와 여러분을 하나님의 자녀 삼기 위해 창세

전에 이미 예정하셨습니다. 이미 구원을 준비하고 계획하셨다는 말씀입니다. 그 치밀한 창조주 하나님의 계획과 준비 속에서 미신의 우상 숭배의 땅, 조선에 복음이 들어왔고, 오늘날 약 천만 명이 구원 받는 대한민국 교회가 되었습니다. 노아도 평생 방주를 준비한 후에 홍수에서 구원 받았습니다. 하나님께서는 요셉을 애굽의 종살이와 옥살이에서, 모세를 애굽 왕궁과 미디안 광야에서, 다윗을 광야와 적국 블레셋에서, 바울을 아라비아 광야와 고향 다소에서 철저히 준비하신 후에, 위대한 하나님의 사람으로 사용하셨던 것입니다. 하나님은 준비하시며, 철저히 계획하시는 분이십니다. 하나님께서는 보다 더 철저히 준비된 사람과 교회를 사용하십니다. 그렇기 때문에 그리스도인은 하나님께 귀하게 쓰임 받기 위해 자기 일에 철저히 준비해야 합니다.

느헤미야는 자기 안에 떠오른 꿈의 성취를 위하여 기도만 하지 않았습니다. 어떤 하나님의 기적과 요행만 바라지 않았습니다. 기복적인 신앙의 소유자가 아니었습니다. 기도하면서 동시에 자기 안의 꿈을 실행하기 위해 철저히 준비하고, 계획을 세웠습니다. 대충 계획을 세운 것이 아니라 치밀하게 계획을 세웠습니다. 이 계획과 준비에 감동을 받은 페르시아의 아닥사스다 왕은 조국 유대를 향한 그의 열정과 사랑을 알게 된 것입니다. 그 결과 그를 유다 총독으로 임명하고 파송합니다. 무너진 예루살렘 성을 짓도록 허락한 것입니다. 일의 성공은 준비에 달려 있습니다. 좋아하는 영어 속담이 있습니다. "To prepare is more important than to win!"(성공보다 중요한 것이 준비입니다!). 그리스도인은 기도하는 사람입니다. 기도하는 사람은 준비하는 사람입니다. 그리스도인은 누구보다 철저히 준비하는 사람입니다. 준비하는 인생이 결국 성공을 이루게 됩니다.

저는 2003년 12월 마지막 날에 정든 사랑의교회를 사임하고 떠났습니다. 형님(옥한흠 목사님)도 그 날 은퇴하셨습니다. 한 분의 영적 주군을 모시고, 섬긴 것에 보람과 위로를 받았지만, 아무것도 보장되지 않은 미래에 대한 두려움이 있었습니다. 그러나 받은 말씀을 확신하고 믿음으로 모험의 길을 간다는 출사표를 던졌습니다. 그러나 그 땐 몰랐습니다. 성령께서 정든 목회지에서 밀어내시는 이유를 몰랐습니다. 그러나 6년이 지나고 동도교회로 부임하면서 성령께서 말씀으로 저를 사랑의교회 목장에서 밀어내신 이유를 알게 되었습니다. 준비와 연단 때문이었습니다. 이대로는 앞으로 동도교회 담임목사 사역을 하기에 턱 없이 부족하기 때문에, 성령께서 뜻하신 섭리 속에서 빈손으로 미국으로 강제로 인도하시고 저를 더 준비시키고, 연단시킨 것입니다.

"무릇 징계가 당시에는 즐거워 보이지 않고 슬퍼 보이나 후에 그로 말미암아 연단 받은 자들은 의와 평강의 열매를 맺느니라 그러므로 피곤한 손과 연약한 무릎을 일으켜 세우고 너희 발을 위하여 곧은 길을 만들어 저는 다리로 하여금 어그러지지 않고 고침을 받게 하라"(히 12:11-13).

지금도 간혹 이런 생각을 합니다. 만약 이런 준비와 연단 없이 동도교회 담임목사로 부임하게 되었다면 과연 어떻게 되었을까? 아마 몇 개월도 버티지 못했을 것입니다. 생각하면 아찔하고 또한 감사할 뿐입니다. 강남에 있는 사랑의교회에서 강북에 있는 동도교회에 30분이면 올 수 있는 거리를 7년이나 걷게 하신 이유를 깨닫게 된 것입니다. 연약하고 부족한 저를 하나님의 큰 섭리와 안목 속에서 미국으로 떠미시고, 내동댕이치셔서 의지할 사람이 아무도 없는 그 땅에서 강하게 연단하신 것입니다. 그 연단의 준비 덕분에 쉽지 않은 동도교회에서의 목회 여정을 감당하게 된 것입니다. 이 유약하고 무능한 사람이 말입니다.

뜻하지 않은 고난과 연단의 시간은 필시 하나님의 특별한 섭리와 안목 속에서 진행됩니다. 이런 믿음을 늘 견지해야 합니다. 그래서 시편 기자는 이렇게 고백합니다.

"고난 당한 것이 네게 유익이라 이로 말미암아 내가 주의 율례들을 배우게 되었나이다"(시 119:71).

정말 그렇습니다. 7년이라는 뜻하지 않은 고난과 연단을 통해서 참으로 주의 율례를 깊이 배우게 되었습니다. 연단의 시간이 찾아올 때, 믿음으로 통과하면 필시 좋은 일이 일어날 것입니다. 우리 모두 이 믿음을 가지고 연단의 시간을 잘 통과하십시다.

15

죽은 예수, 산 예수

느 2:10-20

살다 보면 원치 않은 환경 때문에 힘들 때가 있습니다. 이런 원치 않은 환경을 만나게 되면 낙심하거나, 절망하거나, 우울해지기도 합니다.

제가 시카고에서 목회할 때, 한 자매와 상담하게 되었습니다. 이 자매는 미국에 유학을 왔습니다. 유학을 마치고 결혼하여 아들을 낳았습니다. 얼마나 행복했겠어요. 그런데 남편이 갑작스럽게 교통사고로 죽었습니다. 그러니 이제 혼자서 아들 하나 데리고 가정을 꾸려나가야 했습니다. 모든 것이 쉽지 않았습니다. 결국 직장 때문에 시카고로 이주를 했던 것입니다. 시카고의 긴 겨울 동안 눈을 보며 사는 것이 보통 힘든 일이 아니라고, 여러 번 목사인 저를 찾아와 상담을 했습니다. 사춘기 아들을 혼자 키우는 것이 힘들고, 혼자서 가정을 꾸려 나가는 것도 쉽지 않고, 특별히 남편 없이 살아가는 외로움 때문에 무척 힘들다고 했습니다. 무엇보다 눈 덮인 시카고의 긴 겨울 때문에 우울해서 도저히 견딜 수가 없다고 호소했습니다. 그래서 동부로 이사를 가고 싶은데 엄두가 나지 않아 어떻게 하면 좋을지 고민하다가 상담을 하러 왔습니다.

이 자매는 교통사고로 인한 남편의 죽음, 외로움, 모든 것을 자신이 결정하고 실행해야 하는 싱글 맘의 고달픈 삶, 그리고 자기의 체질에 맞지 않는 도시의 환경 때문에 힘겨운 시간을 보내고 있었던 것입니다. 저도 기도해보고, 이 자매에게 아브라함처럼 믿음으로 결단하고 원하는 도시로 떠날 것을 권면했습니다. 결국 그 자매는 그 해 여름이 찾아오자 시카고를 떠나 뉴저지로 이주를 했습니다. 저는 그녀의 그런 용기와 도전에 박수를 보냈습니다. 지금은 뉴저지에서 행복하게 잘 살고 있다고 합니다.

오늘 본문을 보면, 느헤미야가 총독으로 임명 받아 예루살렘에 도착하게 됩니다. 느헤미야는 1,200킬로미터 이상이나 되는 먼 길을 여행하여 예루살렘에 도착했던 것입니다. 페르시아와 유다, 수산 궁과 예루살렘은 굉장히 대조적인 도시요, 환경입니다. 그 당시 수산 궁은 화려하고, 부유하고, 성공한 사람들이 승자의 모습으로 풍요롭게 살아가는 부촌입니다. 반면에 예루살렘은 볼품없고, 가난하고, 실패한 사람들이 패자의 모습으로 곤핍한 삶을 이어가는 빈민촌입니다.

그 예루살렘의 상황이 어떠했습니까?

외형적으로 보면 예루살렘은 더 이상 희망을 찾을 수 없는 황폐한 성이 되어 버렸던 것입니다. 이뿐이 아닙니다. 주변국과의 관계도 아주 냉혹하고, 참담했습니다.

성벽을 재건한다는 소문을 듣고 주변국의 총독들이 느헤미야와 백성들을 업신여기고 비웃었습니다. 이들은 느헤미야와 유다 백성들을 그냥 비웃고, 업신여긴 것으로 끝난 것인가요? 그렇지 않습니다. 이들은 느헤미야와 유다 백성들이 페르시아 왕을 배반하기 위해서 성을 건축한다고 허위 사실을 유포하고, 모함하고, 악성루머를 만들어 내었습니다. 누가 그랬습니까? 주변국의 총독인 산발랏, 도비야, 게셈이 그랬다는 것입니다.

이처럼 2장 10절에서 20절까지의 분문 전체가 보여주는 예루살렘의 상황은 어떤 희망을 품을 수 있는 긍정적이거나 호의적인 상황이 아니었습니다. 그런데 느헤미야는 이런 절망적인 환경과 주변국 총독들의 업신여김과 비웃음 그리고 모함에도 끄떡하지 않았습니다. 느헤미야는 이런 절망적인 환경 속에서 오히려 하나님을 붙잡았습니다. 하나님께서 반드시 무너진 성을 완성케 하실 것이라는 형통의 믿음을 가졌습니다. 저 나쁜 사람들을 하나님이 다스려 주실 것이라는 형통의 믿음을 가졌던 것입니다.

느헤미야는 주변 적들이 아무리 비방하고, 성을 쌓는 일을 훼방해도 하나님께서 이 일을 하신다고 기도하고 선포했습니다. 하나님께서 자신을 이곳으로 보내신 것은 이 무너진 예루살렘 성을 완성케 하시려는 하나님의 섭리를 확신하고 있었습니다. 이것 때문에 느헤미야는 주변국 총독들의 쓸데없는 소리에 전혀 신경 쓰지 않았습니다. 참으로 당당하고 자신감이 넘쳐 보입니다.

이 느헤미야의 당당함과 자신감이 어디에서 왔습니까? 자신이 믿고 의지하는 전능자 하나님으로부터 왔습니다. 하나님이 자신을 형통케 하실 것이라는 믿음에서 왔습니다. 얼마 전까지만 해도 수산 궁에서 조국의 황폐한 소식을 듣고 눈물을 흘리며, 통곡하며 금식하며 기도하던 느헤미야의 모습을 보면, 약해 보이고, 눈물이 많은 것 같고, 여자같이 약해 보였지만 전혀 그렇지 않았습니다. 그는 심지가 굳고, 담대하고, 강건했습니다. 느헤미야는 겁쟁이가 아니었습니다. 느헤미야는 형통의 믿음을 가진 담대한 믿음의 사람이었습니다.

보십시오. 수산 궁에서 느헤미야는 자신의 기도가 응답되고, 여호와 하나님께서 아닥사스다 왕의 마음을 움직이는 것을 눈으로 똑똑히 목도했습니다. 그리고 나아가서 생각지도 않게 자신이 유다 총독으로 임명되는 것을 보고, 기도할수록 느헤미야의 믿음은 더욱 강하여지고, 단단해 졌습니다. 요동치 않았습니다. 이제 예루살렘에 도착하였으니 하나님께서 수산 궁에서 역사하셨던 것처럼 예루살렘에서도 동일하게 역사하실 것이라는 믿음을 가진 것입니다. 이처럼 하나님의 능력을 체험한 사람은 도무지 당할 수 없습니다. 음식 먹고 맛있어서 그 식당에 또 간다고 하는데, 약을 먹고 효능이 좋아서 그 약을 또 먹겠다고 하는데, 시승해본 차가 너무 좋아 그 차를 사겠다고 하는데 어느 누가 말릴 수 있단 말입니까? 말리지 못합니다. 체험보다 더 큰 확신이 없기 때문입니다. 신앙의 세계도 마찬가지입니다. 체험이 필요합니다. 느헤미야는 하나님의 살아계심과 그분의 능력을 체험했습니다.

그런데 느헤미야가 예루살렘에서 목도하고 있는 형편은 형통의 믿음과 신앙을 더 이상 지속하기에 참으로 어려운 상황이었습니다. 성벽은 다 무너졌습니다. 성문은 불탔습니다. 성벽 길도 막혔습니다. 길이 막혔다는 것은 무슨 말입니까? 느헤미야가 예루살렘 도착

삼일 후 깊은 밤에 도성 순찰을 나갔습니다. 그런데 가다가 보니까 샘문과 왕의 못에 이르렀더니 길이 막혀서 지나갈 곳이 없었다는 것입니다. 무너진 성벽 돌과 불탄 성문의 재로 인해서 성벽 중간 부분의 길이 막혀 버린 것입니다. 이러다 보니 예루살렘 도성 주변이 황폐화 되어 버렸습니다.

수산 궁에 있을 때 느헤미야의 삶은 어떠했습니까? 왕궁에서 생활을 했습니다. 왕궁에 있는 고위관직들과 교제를 가졌습니다. 나중에는 왕과 왕후와 교제를 하면서 지냈습니다. 배운 사람, 똑똑한 사람, 교양 있는 사람, 유능한 사람, 이런 사람들이 느헤미야의 대화의 상대였고, 동료였습니다. 느헤미야는 이런 동료들의 존경과 사랑을 받고, 왕의 신임까지 얻으면서 행복하게 살았습니다. 그런데 예루살렘의 총독으로 부임하자마자 주변국의 총독들이 시샘이 나서 자신을 업신여기고, 비웃고, 모함을 하니, 얼마나 힘들었는지는 짐작할 만합니다. 질적으로 주변 총독들은 너무 수준이 낮고 형편이 없는 사람들이었습니다.

어디 이뿐입니까? 부임한지 얼마 되지 않아 절망하는 백성들과 함께 성벽을 재건하려고 했습니다. 그랬더니 주변 지역에서 총독들이 업신여기고, 조롱하고, 비웃었습니다. 페르시아 아닥사스다 왕에게 반역을 일으킨다는 모함까지 했습니다. 성을 쌓아서 독립을 선언하고 왕이 되려고 한다는 유언비어를 퍼뜨렸습니다. 이 얼마나 억장이 무너지는 일입니까? 여러분은 모함을 당해본 적이 있습니까? 억울한 누명을 쓴 적이 있습니까? 세상 말로 정말 미치고 환장할 노릇입니다.

저 역시 부임 초기의 허니문이 몇 개월 만에 끝이 났습니다. 몇 분의 장로님들이 자신들만을 위한 목회와 당회 운영을 강력하게 요청하였습니다. 그러나 기도하는 가운데 성령님께서 두 성경구절의 말씀에 감동을 주셨습니다. 잠언 1장에 나오는 말씀과 잠언 29장에 나오는 말씀을 주셨습니다. "지혜롭게, 공의롭게, 정의롭게, 정직하게 행할 일에 대하여 훈계를 받게 하며"(잠 1:3)라는 말씀과 "사람을 두려워하면 올무에 걸리게 되거니와 여호와를 의지하는 자는 안전하리라"(잠 29:25)는 말씀입니다. 이 두 말씀을 쪽지에 기록하여 성경책 앞면에 테이프로 붙이고 다녔습니다. 그리고 매일 이 말씀을 읽고 묵상했습니다. 정사에 치우치지 않도록 공평하게 목회를 하고, 하나님만 의지하는 목회를 해야겠다는 일념으로 하루하루를 지냈습니다.

아내와 상의하여 아예 사직서를 써놓고 목회를 했습니다. 당신들이 원하는 대로 제가 움직여주지 않자 이 때부터 몇 분의 장로님들이 저에 대한 좋지 않은 소문을 퍼뜨리기 시작했습니다. 모함과 비방이 시작된 것입니다. 당회에서 사안마다 사사건건 시비하고 방해를 했습니다. 방해를 위한 방해를 했습니다. 부임 5개월 후부터 본격적인 방해가 시작되었습니다. 참으로 억울하고, 어이가 없었습니다. 〈옥 목사가 와서 재정이 바닥났다. 성도 수가 감소했다. 청빙에 앞장섰던 두 장로를 배신했다.〉는 등의 비난을 이 메일로, 문자로, 편지로, 당회 현장에서, 목양실에서, 주일예배 기도시간에, 저를 향하여 퍼붓기 시작한 것입니다.

그리고 시간이 흘러가자 청빙하면서 받은 건강진단서가 허위고 가짜라는 소문까지 내기 시작했습니다. 그래도 못 들은 척 하면서 언젠가 그 분들이 나의 진실을 알게 되겠지 생각을 하면서 묵묵히 기도하면서 참고 기다렸습니다. 그러면서 목회라는 것이 참고 또 참는 인내라는 것을 깨닫게 된 것입니다. 이런 과정 속에서도 교회의 영적 분위기가 쇄신되고 체질이 조금씩 눈에 띄게 변화되어 갔습니다. 출석수도 늘어나고, 모든 예배와 사역에 새 바람이 불고 있었습니다. 황폐한 땅을 새롭게 기경한다는 농부의 심정으로 할 수 있는 한 최선을 다했습니다. 그랬더니 성도들은 이런 저의 진정성을 깨닫고 따라주었습니다. 부족하고 경험 없는 목사가 성도들에게 보답하는 일은 목회에 최선을 다하는 것뿐이었습니다. 주일 설교에 가장 많은 힘을 쏟았습니다. 부족하지만, 한 편의 설교에 혼신의 힘을 다했습니다. 부임 이후에 가장 힘든 것이 두 가지였습니다. 한 가지는 주일 설교요, 또 다른 한 가지는 매달 마지막 주일에 있는 정기 당회였습니다. 당회는 고난주간이었습니다.

당회를 운영하는 경험이 부족한 저로서는 당회 운영 자체가 너무 힘들었습니다. 아예 당회에 참석하지 않았으면 좋겠다는 생각이 들 정도였습니다. 당회에는 원로 장로님들까지 배석하시니 정말 말 그대로 힘겨운 험한 산과 같았습니다. 모일 때마다 전략적으로 사사건건 담임목회자의 목회와 당회 운영을 고의적으로 방해하는 몇 분의 장로님들 때문에 무척 힘들었습니다. 당회가 열리는 주간에는 소화도 제대로 잘 되지 않고, 편하게 잘 수도 없었습니다. 그러나 이 모든 것을 주님께서 주신 십자가로 생각했습니다. 오히려 기쁨으로 여기며 좋을 때를 바라보며 믿음으로 지냈습니다. 이 모든 것이 청빙된 후임목사가 겪는 당연한 과정이라고 생각하면서 지냈습니다. 그러나 힘든 것은 어쩔 수 없었습니다. 그저 견디는 것만이 저의 유일한 대안이었습니다.

느헤미야도 총독 부임초기부터 주변 총독들의 방해와 모함 때문에 정말 힘든 시간을 보내었습니다. 그런데 그는 이런 급변하는 환경의 변화와 주변국 총독들의 모함과 비난 속에서도 전혀 주눅 들지 않았습니다. 성벽 재건의 소중한 꿈을 접지 않았습니다. 오히려 이런 가운데서도 하나님을 더 찾고, 더 기도하며 능력의 하나님을 붙잡았습니다. 느헤미야는 "하나님이 우리를 형통케 하신다."는 형통의 믿음을 기반으로 절망적인 환경과 주변 총독들의 모함과 비난을 뚫고 나갔습니다. 뿐만 아니라, 이 형통의 믿음으로 절망과 실의에 빠진 백성들에게 성벽 재건의 희망과 용기를 불어 넣었습니다.

이렇게 형통의 믿음을 가지고 사는 사람은 주변 사람들의 사기를 꺾지 않습니다. 오히려 세워줍니다. 용기를 주고 격려합니다. 이런 사람이 바로 형통의 믿음을 가지고 사는 사람입니다. 무엇인가 하려고 애쓰고 노력하는 사람들의 사기를 꺾지 말아야 합니다. 그리스도인들은 이런 사람들을 늘 격려하고, 축복하고, 그 수고를 격려해야 합니다. "너 같은 게 뭘 할 수 있다고, 웃기고 있네, 한 번 두고 보자, 네가 그렇게 잘 하는지." 그렇게 말하면 안 됩니다. 무엇인가 해 보려고 몸부림치고 애쓰는 사람들을 위해 더 많이 기도해 주고, 더 많은 힘을 실어주어야 합니다. 이런 사람이 바로 형통의 믿음을 가진 사람입니다.

하나님께서는 당신의 백성들을 형통케 하시는 분입니다. 하나님은 우리의 사기를 꺾지 않으십니다. 오히려 힘과 용기를 주십니다. 그 어려운 환경과 상황을 뚫고 나가도록 격려하고 위로하십니다. 하나님만 의지하면 절망적인 상황도, 힘든 환경도 극복해 나갈 수 있습니다. 하나님은 구덩이 속에서, 옥살이와 억울한 종살이 가운데서 추락하는 요셉의 일생을 형통케 하셨습니다.

하나님은 사울 왕의 끈질긴 추격 속에서 추락하는 다윗의 일생도 형통케 하셨습니다. 한번은 다윗이 광야 남쪽 마온 황무지 아라바에서 사울의 군사들에게 완전 포위되어서 꼼짝달싹 할 수 없게 되었습니다. 다윗과 600명의 용사가 도망갈 길이 없었습니다. 이제는 모두가 죽었다고 생각했습니다. 이 절박한 순간에 하나님께서 다윗을 도우셨습니다. 갑자기 사울 진영에 급한 전갈을 가진 사자 달려왔습니다. 그 사자는 사울 왕에게 블레셋 군대가 쳐들어 왔다고 하면서 속히 이 곳을 떠나야 한다는 급보를 전했습니다. 그래서 다윗이 구사일생으로 살아났습니다. 다윗이 위기에 처했을 때 블레셋 군사들이 이스라엘을 침공한 것은 우연일까요? 아니면, 다윗의 삶을 형통케 하시는 하나님께서 자신을 의지하고 사랑하는 다윗을 돕기 위해 블레셋 군사를 일으킨 것일까요?

하나님은 다소에서 꿈을 접고 추락하는 바울의 일생도 형통케 하여 안디옥으로 부르셨습니다. 하나님은 뜻하지 않은 중병으로 추락하는 히스기야를, 스승을 배반한 베드로를, 더 이상 이세벨의 압제에서 견디지 못해 죽기를 갈구하는 엘리야를, 아들을 얻지 못해 브닌나에게 조롱을 당하여 추락하는 한나를, 우상숭배를 거부하여 사자굴로 추락하는 다니엘을, 불구덩이로 떨어지는 사드락 메삭 아벳느고를, 나일강과 광야로 내동댕이쳐진 모세를, 풍랑에 빠져 큰 물고기 뱃속 깊은 곳까지 추락한 요나를, 그 무지막지한 절망 속에서 모두 형통케 하셨습니다. 하나님은 이런 분이십니다. 성도는 절망의 순간에도 항상 형통케 하시는 여호와 하나님만을 붙잡아야 합니다.

어떤 책을 보다 재미난 글을 읽었습니다. '뱀잡이수리' 에 대한 글입니다. 이 새는 독수리의 일종입니다. 이 새는 주로 공중을 높이 날아다니다가 두더지나 뱀 같은 것을 발견하면 쏜살같이 내려가 낚아챈다고 합니다. 평상시에는 뱀잡이수리가 민첩하게 잘 날아다닙니다. 그런데 땅에 내려와 먹이를 먹고 있는 중에 갑자기 맹수의 습격을 받게 되면, 날지 않고 혼신의 힘을 다해 뜁다고 합니다. 너무도 당황한 나머지 자기가 날 수 있다는 사실을 잊어버린다는 것입니다. 날짐승이 뛰어 봐야 얼마나 빨리 뛰겠습니까? 결국 하늘을 날 수 있다는 것을 잊고 땅에서 도망만 가다가 얼마 못 가서 맹수에게 잡혀 먹힌다고 합니다. 참 우스꽝스러운 어이없는 이야기입니다.

우리 역시 하나님께서 믿음의 날개를 주셨습니다. 그런데 뱀잡이수리처럼 날 수 있다는 사실을 잊어버릴 때가 많습니다. 믿음을 적용하지 못하는 사람은 이런 뱀잡이수리와 다를 바 없습니다. 평상시에는 무척 믿음 있는 사람으로 보이는데, 실제 믿음을 적용해야 할 상황에 맞닥뜨리면 휘청거리는 사람들이 너무 많습니다. "너희 믿음이 어디 있느냐"라는 예수님께서 하신 핀잔을 들을 사람들입니다. 믿음이 증발한 것입니다. 절망적인 환경 때문에 신앙의 건망증이 찾아온 것입니다. 우리도 뜻하지 않은 절망적인 환경으로 인하여 뱀잡이수리와 같이 형통케 하시는 하나님을 잊을 수 있습니다.

한번은 예수님께서 많은 사람의 환영을 받고 있었습니다. 이 때 회당장 야이로라는 사람이 찾아왔습니다. 그리고 예수님 발 앞에 엎드려 자기 집에 꼭 한 번 와 달라고 부탁을 합니다. 무슨 일인가 했더니 열두 살인 딸이 지금 죽어간다는 것입니다. 더 딱한 것은 그 딸이 외동딸이라는 것입니다. 참으로 귀한 딸입니다. 그러자 예수님께서 조금 기다렸다가 같이 가보자고 합니다. 그런데 주변 사람들이 예수님을 놓아주질 않았습니다. 한 시가 급한 야이로는 조급

했습니다. 마치 당장 차를 타고 응급실에 달려가야 하는 상황인데, 차가 길에 꽉 막혀 움직일 수 없는 상황과 흡사합니다. 야이로가 이렇게 마음이 급한데 갑자기 어떤 혈루증 환자가 예수님을 붙잡습니다. 이 일로 인해 예수님께서 조금 더 지체하게 됩니다. 이 때 회당장 집에서 온 종이 야이로에게 딸이 죽었다는 비보를 전합니다. 야이로의 실낱같은 희망이 끊어진 것입니다. 이런 야이로에게 예수님께서 어떤 말씀을 하십니까? "두려워하지 마라, 딸이 살아 날거야. 나만 믿어." 이런 말씀을 하십니다. 야이로의 집에 도착하니까 사람들이 울고 통곡하고 있었습니다. 그러자 그 사람들 앞에서 예수님께서는 "그 아이가 죽은 것이 아니라 잔다"(눅 8:52)고 하셨습니다. 그랬더니 초상집에 온 사람들이 비웃었습니다. 그런데 놀라운 일이 일어났습니다. 예수님께서 죽은 아이의 손을 잡고 아이의 이름을 불렀습니다. "아이야, 일어나라."고 외치셨습니다. 그러자 죽은 아이의 영이 다시 돌아와서 아이에게 들어갔습니다. 죽은 딸이 살아 났습니다. 이에 예수님께서 이 아이에게 먹을 것을 가져다주라고 하셨습니다. 조금 전만해도 예수님을 비웃던 사람들이 이 광경을 보고 깜작 놀라 입을 쩍 벌리고 다물지 못했습니다.

우리 예수님이 어떤 분이십니까? 죽음의 절망 속에서도 소망을 보는 분이십니다. 예수님은 죽음이라는 절대절망 환경 속에서도 형통의 믿음을 가지고 부활의 소망을 선포하십니다. 사람들은 예수님이 십자가에 달려 죽으시고 삼일 만에 부활한다고 하자 다 비웃었습니다. 제자들까지 의심하며 믿지 않았습니다. 그런데 어떻게 되었습니까? 삼 일 만에 부활하셨습니다. 부활의 주님이 저와 여러분의 하나님이십니다. 구원자요, 인도자이십니다. 정말 예수님의 부활을 정말 믿으십니까? 그렇다면 그 부활의 능력과 생명으로 절망의 환경과 상황 속에서 믿음의 꽃을 피워야 합니다.

"우리가 사방으로 우겨쌈을 당하여도 싸이지 아니하며 답답한 일을 당하여도 낙심하지 아니하며 박해를 받아도 버린 바 되지 아니하며 거꾸러뜨림을 당하여도 망하지 아니하고 우리가 항상 예수의 죽음을 몸에 짊어짐은 예수의 생명이 또한 우리 몸에 나타나게 하려 함이라 우리 살아 있는 자가 항상 예수를 위하여 죽음에 넘겨짐은 예수의 생명이 또한 우리 죽을 육체에 나타나게 하려 함이라"(고후 4:8-11).

우겨쌈을 당하여도, 답답한 일을 당하여도, 박해를 받아도, 거꾸러뜨림을 당하여도 끄떡없다는 사도 바울의 고백입니다. 사도 바울이 어떻게 이런 고백을 할 수 있었습니까? 자기 안에 있는 예수 부활의 능력 때문입니다. 이것 때문에 우겨쌈을 당하여도, 답답한 일을 당하여도, 박해를 받아도, 거꾸러뜨림을 당하여도 자신은 요동하지 않는다는 것입니다. "예수의 생명이 우리 몸에 나타나게 하려 함이라." 무슨 말입니까? 예수의 생명은 부활입니다. 그리스도인들은 절망의 현장에 있을지라도 그 자리에서 벌떡 일어나야 합니다. 믿음의 사람은 절대 포기 하지 않기 때문입니다. 의인은 일곱 번 넘어져도 일어나기 때문입니다. 기대하던 것이 성벽처럼 무너진 절망의 현장, 잘 풀리는 일들이 막혀버리는 것 같은 허무의 현장에서도, 성도는 예수 부활의 능력으로 일어서야 합니다.

이런 사람들이 부활의 생명을 가지고 사는 참 그리스도인들입니다. 여러분 안에 정말 부활하신 예수가 살아 있습니까? 아니면, 그 예수가 죽었습니까? 부활하신 능력의 예수님이 자신 안에 있다는 것을 믿으면 어떤 상황 속에서도 형통의 믿음을 가질 수 있습니다. 어떤 모함과 비난과 조롱 속에서도 넉넉히 이길 수 있습니다. 모함과 비난과 조롱의 벽을 넘어 형통의 믿음으로 우리 앞에 닥쳐오는 모든 부정적이고, 절망적인 환경과 상황을 극복할 수 있습니다.

말씀과 기도 그리고 무한한 십자가의 인내와 부활의 능력으로 우리 앞에 닥쳐오는 모든 시련과 환란을 극복하십시다. 이것이 부활 신앙을 견지하고 살아가는 성도의 모습일 것입니다. 부활하신 예수님께서 저와 여러분 안에 살아계십니다.

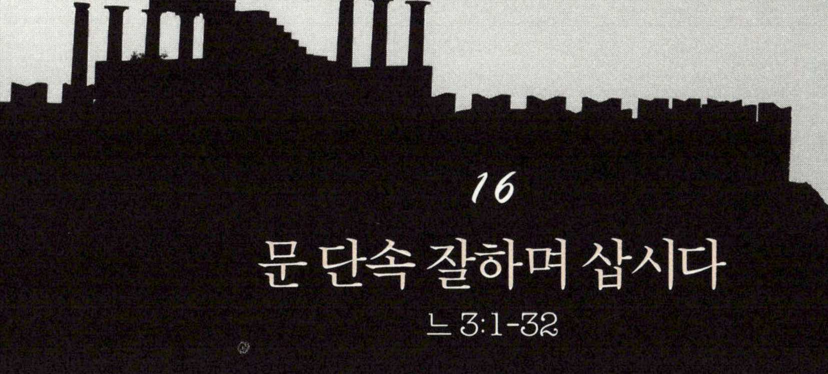

2011년 2월 17일자 조선일보 사설에 백석대 석좌교수이며, 전 성결대 총장이신 김성영 목사님께서 〈한국교회, 스스로 개혁해야 산다〉는 제하의 글이 실렸습니다. 대충 이런 내용이었습니다.

"신학 교육에 오랫동안 종사해온 필자는 오늘의 교회가 사회로부터 지탄받는 데 원인을 제공한 종의 한 사람임을 고백한다. 하지만 지금 우리는 이처럼 곤혹스러운 현실에 좌절하고 있을 수만은 없다. 오히려 한국교회는 이를 계기로 **뼈**를 깎는 각오로 진정한 개혁의 길로 나서야 한다. '개혁된 교회는 항상 개혁되어야 한다.' 어느 시대의 교회나 명심해야 할 16세기 종교개혁자 장 칼뱅의 경구이다. 교회 개혁의 출발점이었던 칼뱅이 말한 것처럼 교회는 끊임

없이 개혁되고 또 개혁되어야 한다. 고인 물이 썩듯이 부단히 개혁되지 않으면 교회는 썩고 부패하게 마련이다. 짠맛을 잃은 소금은 부패를 막을 수 없으며, 빛을 잃은 등대는 세상을 비출 수 없다. 그런데 지금 한국교회는 어떠한가? … 하나님 나라의 실현을 위해 이 땅에 세워진 교회는 자력에 의해 개혁되어야 한다. 중세 말의 종교개혁은 초대 교회의 전통을 잇는 안으로부터의 개혁이었기에 지금까지도 유지 발전하고 있는 것이다. 지금이야말로 한국교회가 환골탈태하는 진통을 각오하고 개혁할 때다. 한국교회가 더 이상 지체한다면 타력에 의한 도전을 막지 못할 수도 있다. 그 결과 교회가 너무 많은 것을 잃게 되고 세상에 소망을 주지 못할까 두렵다."

한국교회 성도들이라면 되새겨 보아야 할 귀한 말입니다.

느헤미야 3장의 서두는 〈그때에〉로 시작합니다.

"그때에 대제사장 엘리아십이 그의 형제 제사장들과 함께 일어나 양문을 건축하여 성별하고 문짝을 달고 또 성벽을 건축하여 함메아 망대에서부터 하나넬 망대까지 성별하였고"(느 3:1).

그때가 언제입니까? 느헤미야가 백성들과 함께 성벽을 건축한다는 소문을 들은 주변국의 총독들인 산발랏, 도비야, 게셈이 비웃고 업신거리고 모함할 때입니다. 힘겨운 상황입니다. 주변 총독들의 인신공격과 모함이 있었지만, 개의치 않고 느헤미야는 백성들과 함께 뜻을 모아 무너진 예루살렘 성벽 재건 공사를 시작했습니다.

느헤미야서 3장 전체는 성벽 각 구역 공사를 책임진 사람의 이름들이 기록되어 있습니다. 성벽 재건 공사에 참여한 각계각층, 각양각색의 사람들의 이름이 나옵니다. 성경 독자인 우리의 관심을 끄는 것은 본문 전체를 이어주는 연결 고리인 〈그 다음은〉이라는 단어입니다. 〈그 다음은〉이라는 단어가 구절마다 연결되면서 각 구역 공사를 책임진 영역과 공사책임자와 공사에 참여한 사람들의 이름과 직업까지 언급하고 있습니다.

1절에 보면 대제사장 엘리아십이 형제 제사장들과 함께 〈양문〉을 건축하고, 문짝을 달고, 공사구간이 〈함메아 망대에서부터 하나넬 망대까지〉라고 기록합니다. 2절에서는 〈그 다음은〉이라는 연결구가 나오고 나서 또 다시 건축공사에 임하는 사람이 나옵니다. 여리고 사람들, 이므리의 아들 삭굴, 3절 역시 〈그 다음은〉이라는 연결구가 나오고 〈어문〉을 건축하였는데 하스나아 자손들이 건축하였다고 합니다. 들보를 얹고 문짝을 달고 자물쇠와 빗장을 갖추었다고 합니다. 4절 역시 〈그 다음은〉이라는 연결구가 나오고 공사구역과 현장에 대한 구체적인 언급은 없이 사람의 이름만 나열됩니다. 학고스의 손자 우리아의 아들 므레못, 므세사벨의 손자 베레갸의 아들 므술람, 바아나의 아들 사독이 중수하였다. 또한 12절에 보면 여성들도 이 공사에 참여한 사실을 알 수 있습니다. "그 다음은 예루살렘 지방 절반을 다스리는 할로헤스의 아들 살룸과 그의 딸들이 중수하였고."

　이처럼 3장 전체는 계속 이런 패턴으로 기록되어 있습니다. 다양한 직업군의 사람들, 다양한 계층의 사람들, 남자뿐만 아니라 여성도 각각 자신이 맡은 구역을 책임지고 건축에 참여했습니다. 대제사장, 제사장, 레위인, 귀족들, 여러 방백들, 방백들의 자녀들, 금장색장이들, 상인들, 향품장사, 성문지기 등 직업과 직분에 구분 없이 백성 모두가 공사에 참여했습니다. 무려 31번에 걸쳐 〈그 다음은〉이라는 연결고리의 말씀으로 공사에 참여한 사람, 공사구역, 공사 내용이 구체적으로 기록되어 있습니다. 한 부분도 빠지지 않고, 백성들이 한 마음 되어 공사에 참여했습니다. 무책임하게 자기 맡은 공사를 빼먹은 사람도 없고, 포기한 사람도 없고, 모두가 〈그 다음은〉으로 연결되어서 공사가 진행되었습니다. 공사에 참여한 40여 명의 책임자와 백성들 모두가 자기가 맡은 공사구역에서 최선을 다했다는 말씀이며, 모두가 한 마음이 되어 무너진 예루살렘 성벽을 재건에 참여했다는 말씀입니다. 항상 〈그 다음〉이 있었습니다. 〈그 다음〉에 성벽재건을 맡은 사람들이 있었습니다. 모두 일심동체가 되어 무너진 예루살렘 성벽을 재건에 힘썼습니다. 불타 무너진 예루살렘 성벽을 건축하기 위해 지도자와 평민, 대제사장, 제사장 그리고 레위인, 남성과 여성의 각계각층 사람들과 각양각색의 직업군들이 모두 일심동체가 되어 공사에 참여한 것입니다.

　교회가 어려움에 처해 있을 때 온 성도가 한 마음이 된다면 어떤 어려움도 극복할 수 있습니다. 가정과 회사와 국가 공동체가 잘 되는 길도 여기에 있습니다. 한 마음 되는 것입니다. 일치단결하는 것입니다. 협동하는 것입니다. 일심동체가 되는 것입니다. 함께 어우러져 선한 공동의 꿈과 목표를 위해 각자 맡은 일에 성실과 최선을 다해 책임질 때 그 공동체가 지향하는 목표와 비전을 성취하게 되는 것입니다. 교회 공동체도 마찬가지입니다. 예수를 주로 고백하는 사람들로 연결되어 있는 공동체가 '에클레시아' 인 교회입니다. 하나님께서 기뻐하시고, 성경이 말하는 그런 교회를 세워야 하겠다는 꿈을 가지고 각자가 맡은 사역을 빠짐없이 성실하게 감당하게 될 때 그 교회는 든든히 세워져 가는 것입니다.

이스라엘 백성들이 열심히 한 마음 되어 건축하는 예루살렘 성은 무엇을 의미할까요? 예루살렘은 이스라엘의 종교의 핵심으로서, 여호와의 기름 부음을 받은 다윗 왕의 보좌가 있고, 하나님의 지상의 거처가 되는 성막과 성전이 존재함으로, 예루살렘 성은 종종 하나님 나라와 교회를 상징합니다. 예수님을 주인으로 고백하고 따르는 공동체인 교회가 바로 예루살렘 성입니다. 그렇다면 예루살렘 성을 공동체로 보지 않고, 예수 믿는 각 개인으로 본다면 예루살렘 성벽은 무엇을 의미할까요? 예루살렘 성벽은 예수 믿고 새롭게 된 우리 성도들의 육신입니다. 몸입니다. 껍데기입니다. 머리끝에서 발끝까지 피부로 감싸고 있는 부분과 뼈대와 골격과 신경과 핏줄입니다.

우리의 몸 자체가 예루살렘 성이며, 우리의 몸을 둘러싸고 있는 겉모양은 예루살렘 성벽이요, 보이지 않는 장기가 성 내부의 각 건물들이요, 우리의 몸을 지배하고 있는 볼 수 없는 영혼이 바로 성령께서 거하시는 성전일 것입니다. 그래서 사도 바울은 성도를 성전의 작은 벽돌로 비유합니다.

"너희는 사도들과 선지자들의 터 위에 세우심을 입은 자라 그리스도 예수께서 친히 모퉁잇돌이 되셨느니라 그의 안에서 건물마다 서로 연결하여 주 안에서 성전이 되어가고 너희도 성령 안에서 하나님이 거하실 처소가 되기 위하여 그리스도 예수 안에서 함께 지어져 가느니라"(엡 2:20-22).

여기 건물마다 서로 연결되었다는 것은 무슨 말입니까? 온전한 건물이 되기 위해서는 각각의 작은 건물들이 서로 잘 연결될 때 멋지고, 아름다운 건물로 만들어진다는 것입니다. 교회도 마찬가지입니다. 교회가 교회다워지기 위해서는 성도 각 개인이 믿음과 말씀으로 든든히 세워져야 합니다. 그럴 때 교회는 어떤 공격에도 끄떡하지 않는 강건한 교회가 되는 것입니다.

교회가 세상 공동체와 가장 두드러진 차별성이 무엇입니까? 거룩성입니다. 그래서 예루살렘을 부를 때 거룩한 성읍이라고 부릅니다. 거룩하다는 말은 분리되었다는 뜻입니다. 교회는 죄와 분리된 공동체입니다. 죄로 물든 세속의 공동체와 다르다는 말입니다. 세상에서 가장 거룩한 공동체가 교회입니다. 교회는 신랑 되신 예수님의 신부입니다. 신부는 거룩해야 합니다. 순결해야 합니다. 이것이 신부의 본질입니다. 교회가 거룩성을 잃게 되면 세상 앞에서 더 이상 힘을 쓰지 못합니다. 영향력을 끼칠 수 없습니다. 빛과 소금이 될 수 없고, 등대가 될 수 없습니다. 반면에 교회가 정직과 거룩으로 바로 서 있다면 세상은 교회를 함부로 폄하하지 못합니다. 우리 한 사람 한 사람이 죄로 동떨어진, 죄와 분리된 거룩하고 정직한 성도로 연결될 때, 교회는 하나님의 영광을 세상 앞에 높이 드러나게 되는 것입니다.

파리 에펠 탑은 에펠이라는 사람이 강한 H 빔으로 만든 것입니다. 처음에는 어느 정도 올라가다가 실패했다고 하는데, 그 원인은 강판과 강판을 연결하는 볼트가 약했기 때문이라고 합니다. 그래서 에펠은 강판보다 더 강한 볼트를 사용하여 그렇게 높고 아름다운 에펠 탑을 쌓았다고 합니다. 강판보다 더 강한 볼트가 강판을 강하게 연결해 준 것입니다. 강판보다 더 강한 볼트가 교회에 필요합니다. 그것은 거룩과 정직입니다. 온 성도가 거룩과 정직이라는 강한 볼트로 연결된다면, 교회는 세상 앞에 당당할 것입니다. 세상을 압도하는 영적 안내자가 될 것입니다.

오늘 한국교회는 거룩과 정직에 심각한 손상을 입고 있습니다. 물질, 명예, 정욕의 공격으로 교회가 휘청거리고 있습니다. 죄의 공격을 막아내야 할 거룩한 성벽인 교회가 무너지고 있습니다. 교회와 세속사회의 경계선이 희미해져 가고 있습니다. 교회가 회색지대로 변절되어 가고 있습니다. 검정색인지, 흰색인지 구분이 어렵습니다. 세상이 오히려 교회를 염려하는 가슴 아픈 시대가 되어 버렸습니다. 비통함과 참혹함을 금치 못하겠습니다.

한국교회의 거룩성과 정직성을 회복해야 합니다. 지도자뿐만 아니라 모든 성도들이 거룩과 정직의 옷을 입어야 합니다. 세상에 드러난 한국교회의 모습이 나아만 장군의 나병환자의 모습과 흡사하다는 생각을 접지 못합니다. 지나친 비약일까요? 나아만은 아람의 위대한 장군입니다. 장군복을 입은 나아만의 모습은 대단합니다. 멋집니다. 빛이 납니다. 그러나 장군복을 벗은 그의 모습은 어떠합니까? 썩어 문드러져 있습니다. 왜요? 그는 나병환자이기 때문입니다. 그는 자신의 실제 모습을 알고 있었습니다. 그의 몸이 곪아 터지고 있다는 것을 알았습니다. 단지 화려한 장군복과 빛나는 훈장으로 가려져 있을 뿐입니다.

고속성장과 대단한 성도 숫자, 엄청난 규모의 교회건물과 화려함, 세계 2위의 선교사 파송국, 세계최대의 교회가 있는 대한민국, 기독교 세계 최대의 나라로 부상한 한국교회, 이러한 화려하고 빛나는 장군복을 벗겨낸다면 과연 그 실상이 어떤 모습일까요? 저는 예견합니다. 앞으로 휘황찬란한 장군복으로 가려져 있던 썩어 문드러진 나병의 치부들이 속속 드러날 것입니다. 저도 어느 순간, 한때는 썩어 문드러져 가는 나아만과 같은 망가져 가는 모습이었습니다. 그러나 하나님의 은혜와 성령의 강권적인 역사하심으로 저의 요단강인 시카고 미시간 호숫가에서 일곱 번 씻어 거룩하게 치유되었습니다.

대한민국 교회를 주님께서 친히 붙잡아 요단강인 십자가 보혈로

깨끗하게 씻어 주시기를 날마다 기도합니다. 장군복이 벗겨진 한국 교회의 실상은 과연 어떤 모습일까요? 한국교회 지도자들의 실상은 과연 어떤 모습이겠습니까?

"오직 너희를 부르신 거룩한 이처럼 너희도 모든 행실에 거룩한 자가 되라 기록되었으되 내가 거룩하니 너희도 거룩할지어다 하셨느니라"(벧전 1:15-16).

우리의 눈이 탐욕과 정욕으로 불타고 있지는 않은지, 보지 말아야 할 것 계속 보고 있지는 않은지 돌아봅시다. 어느 교회 직원은 사무실에서 포르노를 보다가 발각되었다고 합니다. 교회 사무실 직원 문제만이 아닐 것입니다. 교만하고 잔인하고, 무서운 눈짓으로 독을 품어내고 있지는 않는지 살펴야 합니다. 또 우리의 귀가 불타 무너져 있지는 않는지 돌아봅시다. 비방과 흠담을 즐기고, 나쁜 음악과 게임에 중독되어 있지는 않는지 살펴야 합니다. 또 우리의 입이 불타 무너져 있지는 않는지 돌아봅시다. 거짓과 변명과 욕설과 저주와 유언비어를 계속 뱉어내고 있지는 않는지, 술과 담배를 아직 끊지 못하고 있지는 않는지 살펴야 합니다. 또한 우리의 손이 불타고 있지는 않는지 돌아봅시다. 거짓 서명을 하고, 거짓 문서를 만들고 있지는 않은지, 위협과 폭력과 도박과 욕설의 도구로 혹시 양손을 사용하고 있지는 않는지 살펴야 합니다. 또 우리의 발이 불타 무너져 있지는 않습니까? 하나님이 기뻐하지 않는 장소를 자주 드나들고 있지는 않은지 돌아봅시다. 우리의 코가 불타 무너져 있지는 않은지 돌아봅시다. 자극적인 냄새, 호사한 향수에 취하여 이리 저리 이끌려 다니지는 않는지 살펴보아야 합니다. 또한 우리의 절제하지 못하는 충동적인 식생활과 사치와 낭비로 돈과 시간을 허비하고 있지는 않는지, 우리의 일상을 늘 점검해야 합니다.

"그러므로 너희는 죄가 너희 죽을 몸을 지배하지 못하게 하여 몸의 사욕을 순종하지 말고 또한 너희 지체를 불의의 무기로 죄에게 내주지 말고 오직 너희 자신을 죽은 자 가운데서 다시 살아난 자 같이 하나님께 드리며 너희 지체를 의의 무기로 하나님께 드리라"(롬 6:12-13).

우리의 몸은 의를 위하여 사용되는 의의 무기입니다. 악의 무기로 사용되었던 예수 믿기 전의 우리 모습은 십자가에 못 박았습니다. 예수 안에서 우리의 몸은 의의 무기로 거듭났습니다. 죄에 대하여 죽은 자가 성도입니다. 성도는 새 예루살렘 성이신 예수님을 본받아 사는 사람들입니다. 저와 여러분 각자가 바로 새 예루살렘 성입니다. 의로운 성읍, 평화로운 도성으로, 사랑이 넘치는 성으로 바로 서기 위해서는 매일 우리 각자의 성벽을 면밀히 살펴야 합니다.

하나님께서 기뻐하시는 교회는 어떤 교회입니까? 그것은 수를 의미하지 않습니다. 재정적 능력, 교회의 대사회적 위상, 과거의 업적과 명성, 건물의 아름다움과 현대적 감각, 사람들을 매혹시키고 압도하는 프로그램, 예배 속의 멋진 음향과 조명 그리고 영상시스

템이 결코 아닙니다. 이런 것들도 필요하기는 합니다. 그러나 교회의 본질은 모든 성도 한 사람 한 사람이 거룩한 하나님의 도성, 예루살렘으로 서 있는 것입니다. 비록 교회 건물이 초라해도, 스타일이 구겨지고 구식이라도, 방음장치가 되어있지 않고, 커튼은 낡아 빠지고, 겉모양이 별 매력이 없을지라도, 지도자와 모든 성도가 거룩과 정직을 추구하고 있다면 그 교회는 하나님께서 기뻐하시는 교회입니다. 하나님께 귀하게 쓰임 받는 교회입니다. 이것이 진정 우리 모두가 추구해야 할 교회입니다. 거짓말을 했으면 그 거짓말에 대해 책임질 수 있고, 부도덕한 행동을 했다면 그 사실에 대해 용서를 구하고 책임질 수 있는 그런 책임적 존재로서의 교회로 세워져야 합니다. 교회라는 공동체가, 교회라는 성이 깨끗한 교회로 준비되어 금 그릇처럼 귀하게 쓰임 받아야 합니다. 이것이 저의 작은 꿈이요, 소원입니다.

"큰 집에는 금 그릇과 은 그릇뿐 아니라 나무 그릇과 질그릇도 있어 귀하게 쓰는 것도 있고 천하게 쓰는 것도 있나니 그러므로 누구든지 이런 것에서 자기를 깨끗하게 하면 귀히 쓰는 그릇이 되어 거룩하고 주인의 쓰심에 합당하며 모든 선한 일에 준비함이 되리라"(딤후 2:20-21).

몇 해 전 뉴저지에서 살 때의 일입니다. 제 생일이라 지인들과 함께 뒷마당에서 저녁에 고기를 구워 먹으며 참 즐거운 시간을 보냈습니다. 그런데 아침에 일어나보니 1층이 발자국으로 얼룩져 있고,

창문과 뒷문이 열려 있었습니다. 도둑이 들어온 것입니다. 주변을 살펴보니 어제 저녁 거실 쪽 창문을 닫지 않은 것이 화근이었습니다. 게다가 뒷마당 부엌 창문 앞에 테이블을 치우지 않은 것입니다. 좀 도둑이 주변을 지역을 물색하고 있다가 마침 우리 집 뒤뜰에 창문이 열린 것을 보고, 또 그 바로 앞에 테이블이 놓여 있는 곳을 목격하고 손쉽게 침입한 것입니다. 우리의 영혼 관리도 마찬가지입니다. 영혼의 문단속을 잘해야 합니다.

"근신하여 깨어라 너희 대적 마귀가 우는 사자 같이 두루 다니며 삼킬 자를 찾나니"(벧전 5:8).

교회 돈에 탐심을 가지는 도둑들이 많습니다. 그 도둑은 밖에 있지 않습니다. 내부에 있습니다. 그것이 우리를 더 슬프게 합니다. 내 영혼을 도둑질 하는 그 놈을 잡아야 합니다.

업신여김을 당할 때

느 4:1-6

오래 전, 제가 달라스 유학시절 때의 일입니다. 뷔페식당에 들어 갔는데, 그곳은 종업원이 그릇을 가져다주어야 음식을 먹을 수 있는 곳이었습니다. 자리를 잡고 앉았는데도, 종업원이 그릇을 가져다 주지 않았습니다. 나중에 알고 보니 백인 종업원이 저희들이 동양인이라고 차별을 한 것이었습니다. 좌우에 있는 백인 손님들에게는 잘 갖다 주는데 저희들에게만 가져다주지 않았습니다. 저희들이 인상을 쓰고 말을 하니까 그제야 억지로 그릇을 갖다 주었습니다. 그러고는 또 주지 않습니다. 일부러 갖다 주지 않은 것입니다. 피부색 때문에 차별을 당하니 기분이 좋지 않았습니다. 기분이 상하니 밥이 코로 들어갔는지 입으로 들어갔는지 불쾌해서 상당히 빨리 그 식당을 나온 것 같습니다. 그래도 악을 악으로 갚지 말고,

선으로 갚으라는 말씀 때문에 팁을 안 주고 나오려다 최소한의 팁만 두고 나온 적이 있습니다. 상대방으로부터 무시당하고, 조롱당하고, 차별당하는 이런 업신여김을 당하면 마음이 보통 불편한 것이 아닙니다.

느헤미야 4장 1절에서 6절까지의 말씀은 이런 유의 말씀입니다. 물론 차별이 아니지만, 느헤미야가 주변 총독들로부터 비웃음과 조롱을 당하고 있는 내용입니다. 시기적으로 성벽 공사가 반쯤 진척되었을 때입니다.

"이에 우리가 성을 건축하여 전부가 연결되고 높이가 절반에 이르렀으니 이는 백성이 마음 들여 일을 하였음이니라"(느 4:6).

공사 시작 전부터 주변 총독들이 느헤미야와 성을 건축하려는 유다 백성을 모함하고, 조롱하고, 비아냥거리고, 역모를 꾸민다고 악성 루머를 퍼뜨렸습니다. 그런데 그들이 곁에서 가만히 보니까 내부적으로 아무런 동요 없이 너무 잘 진척되거든요. 그러니까 또 다시 총독 느헤미야와 유다 백성들을 비웃고, 조롱하고, 업신여깁니다.

"산발랏이 우리가 성을 건축한다 함을 듣고 크게 분노하여 유다 사람들을 비웃으며 자기 형제들과 사마리아 군대 앞에서 일러 말하되 이 미약한 유다 사람들이 하는 일이 무엇인가, 스스로 견고하게 하려는가, 제사를 드리려는가, 하루에 일을 마치려는가,

불탄 돌을 흙 무더기에서 다시 일으키려는가 하고"(느 4:1-2).

이 본문 말씀을 자세히 보면 산발랏과 도비야가 느헤미야와 유다 백성들을 향해 무려 다섯 번이나 비웃고 있는 것을 알 수 있습니다.

첫 번째 비웃음이 무엇입니까? 유다 사람들이 미약하다고 합니다. 미약하다는 말의 원래 뜻은 나무가 시들어 말라비틀어진다는 것입니다. 이것이 사람에게 적용될 때는, 주로 '소망이 없어 암울한 상태'를 가리킬 때 사용됩니다. 그러니까 무슨 말입니까? 너희 같이 소망 없는 민족, 망한 민족이 성을 쌓는다고 하니 우습다는 것입니다. 망할 것이 뻔한데 왜 또 짓느냐고 하는 비아냥거림입니다.

두 번째는 뭐라고 비웃습니까? "스스로 견고하게 하려는가?"입니다. 원문의 번역은 "그들이 성을 완성할 것이라고?"라는 반문입니다. 성을 완성하지 못한다는 것입니다.

세 번째는 뭐라고 비웃습니까? "제사를 드리려는가?" "성을 완성해서 제사를 드린다고?" 하는 반문입니다. 유다 백성들이 믿는 여호와 하나님에 대한 경멸입니다. "제사를 드린다고? 제사들 드려 봐, 드려보라. 그래, 백 번, 천 번 드려보라. 그래, 아무 쓸데없고 소용없어. 제사 드려도 아무런 효력도 없어. 아무런 힘을 못 써. 너희들이 제사하는 하나님은 힘없는 무능한 신이야." 이런 빈정거림과 조소입니다. 사실 그럴 만도 한 것이 당시는 산발랏과 사마리아인들이 지금 유다와 예루살렘보다 더 잘 살고, 힘이 있었습니다. 자기들이 섬기는 신이 더 힘이 있어 보였습니다. 그러니 유다 백성들의 아무리 자신들의 하나님인 여호와께 제사해도 성을 절대 완성될 수 없다는 조롱 섞인 말입니다.

네 번째 비웃음은 무엇입니까? "하루에 일을 마치려는가?" 무슨 말입니까? 하루 안에 마치려고 저렇게 호들갑을 떨고 있느냐는 말입니다. 너무 열심히 성을 쌓고 있는 유다 백성들이 부러워서 시기하고 질투하는 말입니다. "뭐 저렇게 열심히 성을 쌓고 있어. 결국 성을 쌓지 못할 텐데."라는 조소와 비아냥거림입니다.

마지막 산발랏의 비웃음이 무엇입니까? "불탄 돌을 흙 무더기에서 다시 일으키려는가?" 무슨 말입니까? 유다 백성들이 성벽 재건에 사용할 석재를 확보할 수 없을 것이라는 조롱입니다.

이렇게 사마리아 총독 산발랏은 느헤미야와 유다 백성들을 비웃고 조롱합니다. 참 듣기 거북한 말들입니다.

어디 이뿐입니까? 암몬 총독 도비야까지 비웃습니다.

"암몬 사람 도비야는 곁에 있다가 이르되 그들이 건축하는 돌 성벽은 여우가 올라가도 곧 무너지리라 하더라"(느 4:3).

그들이 건축하는 돌 성벽은 여우가 올라가도 곧 무너진다고 합니다. 무슨 말입니까? 성벽이 너무 약해서 곧 무너진다는 조롱입니다. 여우는 작고 가볍고 날쌥니다. 그런 여우 한 마리가 성벽에 올라가도 무너진다는 조롱 섞인 말입니다. 너무 약하게 지어서 다 지어도, 금방 무너질 건데 뭐 그렇게 호들갑을 떨고 있느냐는 비아냥거림입니다. 이런 산발랏과 도비야의 비웃음과 조롱이 느헤미야의 귀에까지 다 들려왔습니다.

비밀은 없습니다. 우리 입에서 나간 누군가를 향한 조롱과 비웃음은 결국 다 들려오게 되어 있습니다. 그래서 여기서 자유하려면 이런 거북한 말을 삼가는 수밖에 없습니다. 느헤미야가 적들의 이런 비웃음과 조롱을 듣고 어떻게 반응을 합니까? 이것이 오늘 본문 속에서 핵심이 되는 말씀입니다.

"우리 하나님이여 들으시옵소서 우리가 업신여김을 당하나이다. 원하건대 그들이 욕하는 것을 자기들의 머리에 돌리사 노략거리가 되어 이방에 사로잡히게 하시고"(느 4:4).

총독 느헤미야는 어떻게 처신합니까? 느헤미야는 그 괴로운 마음을 하나님께 내려놓습니다. 하나님께 기도합니다. 하나님께 토합니다. 하나님께 호소합니다. 모든 모욕과 조롱이 자기들에게 부메랑처럼 돌아가게 해 달라는 말씀입니다. "저들이 우리를 업신여깁니다. 하나님, 저들이 오히려 업신여김을 당하게 해 주세요. 우리를 욕합니다. 저들이 욕 듣게 해 주십시오. 저들이 적들의 포로가 되어 노략거리가 되게 해 주십시오." 그렇게 하나님께 호소하며 기도합니다. 얼마나 분했으면 여기서 그치지 않고 또 다시 하나님께 이렇게 호소하며 기도합니다.

"하나님, 그들의 악을 덮어 두지 마시고, 다 노출되고 드러나게 하셔서, 그 지은 죄대로 죄 값을 톡톡히 치루게 해 주세요. 그들이 건축하는 하나님의 백성인 저와 유다 백성들을 비웃고, 조롱하여 분노하게 만든 것은 하나님을 노엽게 한 것입니다. 하나님을 조롱하고 비웃은 것입니다. 그들이 자신들의 죄 값을 톡톡히 치루게 해 주세요." 느헤미야는 이렇게 울분과 억울함을 하나님께 기도로 호소하고 있습니다.

여러분은 비웃음을 당해 본 적이 있습니까? 조롱을 당해 본 적이 있습니까? 자신의 진의와 전혀 상관없이 상대방이 여러분의 선한 뜻을 호도하고, 비웃고, 조롱당한 경험을 해 보신 적이 있습니까? 멸시와 수치를 당해 본 적이 있습니까? 돈이 없다고, 배우지 못했다고, 부모가 없다고, 아니 홀부모 밑에서 자랐다고, 무능하다고, 자기편을 들지 않는다고, 자기 앞에 굽실거리지 않는다고, 조롱당하고, 수치를 당하고, 왕따를 당해 직장에서 쫓겨나거나, 불이익을 당해 본 적이 있습니까? 속이 부글부글 끌어 올라 잠을 자지 못합니다. 당장 가서 한 대 때리고 싶습니다. 그게 육신의 생각이요, 마음입니다. 말로 조롱하고 비웃은 것, 수치심을 유발시키고, 모욕하는 것, 그것은 뺨을 한 대 맞는 것보다 더 아프고, 괴롭습니다. 그 말이 사람 맘을 찢기 때문에, 잘 잊히지 않습니다.

예수님께서도 조롱당하시고, 수모와 멸시를 당하셨습니다. 죄 없으신 예수님께서 시기로 가득 찬 유대인들에게 체포됩니다. 그리고 대제사장 가야바와 총독 빌라도의 법정에서부터 골고다 언덕 십자가상에서 죽으시기까지 온갖 수모와 조롱과 비웃음을 당하셨습니다. 그 당시 대제사장 가야바 법정에서는 어떤 일이 일어났나요? 대제사장이 예수님의 얼굴에 침 뱉고, 주먹으로 쳤습니다. 서기관과 장로 중의 어떤 사람은 손바닥으로 예수님을 때리고 그러고 나서 예수님께 누가 자신을 때렸는지 맞춰보라고 하면서 조롱했습니다 (마 26:66-67).

빌라도 법정에서는 또 어떤 일이 일어났나요? 총독의 군인들이 예수님을 데리고 관정 안으로 들어갑니다. 온 군대를 예수님 앞으로 모으고 예수님의 옷을 벗기고, 홍포를 입힙니다. 그리고 가시관을 엮어 머리에 씌우고 왕이라고 조롱하면서 갈대를 오른손에 들립니다. 그리고 그 앞에서 예수님이 무릎을 꿇고 유대인의 왕이여 평안할지어다 하면서 조롱하고 침 뱉고 갈대를 빼앗아 머리를 칩니다. 이런 조롱과 비웃음을 예수님께서 당하셨습니다(마 27:27-31).

그런데 이것으로 끝납니까? 그렇지 않습니다. 예수님께서는 십자가에 못 박힐 때까지 조롱을 받으셨습니다. 예수님을 십자가에 못 박은 후에 군인들은 예수님의 홍포를 제비 뽑아 나누어 가졌습니다. 지나가는 사람들이 예수님을 향해 "성전을 헐고 사흘에 만에 짓는다고 한 자야.”라고 소리치면서 “어디 한 번 십자가에서 내려와 보라.”고 조롱했습니다. “이스라엘의 왕이여 십자가에서 내려와 보라, 하나님이 구원하시는지 어디 한 번 두고 보자.”라고 하면서 사람들과 대제사장과 서기관과 장로들이 십자가상의 예수님을 희롱하고 비방하고 꾸짖었습니다. 그리고 곁에 못 박힌 강도까지도 예수님을 조롱하고, 비웃었습니다(마 27:39-44).

그런데 참으로 놀라운 것은 이들에 대한 예수님의 반응입니다. 예수님께서 어떻게 하셨습니까? 사람들의 조롱과 비아냥거림 그리고 폭언과 폭력 앞에 어떻게 하셨습니까? 되갚으셨나요? 그렇지 않습니다. 천사들을 동원하셔서 저들을 싹 쓸어버리셨나요? 그렇지 않습니다. 어떻게 하셨습니까? 하나님 아버지께 저들의 죄를 용서해 달라고 오히려 기도하셨습니다. “아버지 저들을 사하여 주옵소서 자기들이 하는 것을 알지 못함이니이다”(눅 23:34). 그리고 예수님 자신의 영혼을 하나님 아버지께 맡기고 십자가에서 돌아가셨습니다. “아버지 내 영혼을 아버지 손에 부탁하나이다”(눅 23:46).

예수님께서 그 모진 수모와 조롱과 비웃음 당할 때 어떻게 하셨습니까? 그들과 똑같이 비웃고, 조롱하고, 수모를 주었습니까? 그렇지 않습니다. 주님은 오히려 그들을 불쌍히 여겨 자신을 비웃고, 조롱하고 더 나아가 폭언과 폭력을 행사하는 이들을 위하여 중보하며 저들의 무지와 잘못을 용서해 달라고 하나님 아버지께 기도하셨습니다. 우리가 믿는 예수님은 이런 분이십니다. 대단하십니다. 동시에 우리가 실천하기에 참 부담스러운 말씀입니다. 그러나 아무리 부담스러워도 우리는 예수님의 흉내라도 내야 합니다.

　욥을 보십시오. 그렇게 잘 살다가, 그렇게 성공했다가 순식간에 몰락하게 됩니다. 그러자 어떤 일이 벌어졌습니까? 아내가 욥을 조롱하고 저주했습니다. 당신이 믿는 하나님을 차라리 욕하고 죽어버리라고 아내가 남편을 조롱하고 저주했습니다. "그의 아내가 그에게 이르되 당신이 그래도 자기의 온전함을 굳게 지키느냐 하나님을 욕하고 죽으라"(욥 2:9). 사업이 망해서, 실직 당해서 가족들 볼 면목도 없는데, 위로는커녕 아내에게 "이 못나고 무능한 남편아 가서 죽으라."는 말을 듣게 된다면 그 가장의 심정이 어떨까요?

　어디 이뿐인가요? 먼 곳에서 욥을 위로하기 위해서 세 친구가 찾아왔습니다. 그런데 이 세 친구가 처음에는 묵묵히 곁에서 말없이 위로하다가 나중에는 욥을 위로하기는커녕 정죄하고, 비난하고, 조롱합니다. 상처를 싸매어주는 위로는 하지 못할망정 그냥 상처 부위에 식초를 부어버립니다. 얼마나 욥이 힘들고, 고통스러웠을까요? 죽지 못하니 사는 겁니다. 잔소리하고, 설교하려고 한다면 왜 왔는지 모르겠습니다.

　살다 보면 어디 칭찬만 받고, 축복만 받고, 격려만 받나요? 좋은 일만 생기나요? 그렇지 않습니다. 조롱도 받고, 비웃음도 받고, 수모도 당하고, 배신도 당하고, 억울한 일도 당합니다. 자기 잘 살 때는, 잘 나갈 때는 친구가 많습니다. 그런데 다 잃으면 친구들도 떠나고 연락을 안 합니다. 이 때 연락하는 친구가 참 친구라고 할 수 있습니다. 우리들이 무지해서, 잔인해서, 사악해서 그런 일을 당하기도 하지만, 또 그렇게 하기도 합니다. 심지어는 부모로부터 조롱과 비웃음을 당하고, 형제와 친척들로부터 조롱과 비웃음을 당하고, 친구와 동료들에게까지 조롱을 당하고, 비웃음을 당할 때도 있습니다. 심지어는 한 침대에서 동고동락하는 배우자에게, 또 자식에게도 수모와 조롱을 당할 때가 있습니다.

그래서 예수님은 그렇게 사람들을 의지하지 않았습니다. 사람들이 본래 어떤 존재인지를 아셨기 때문입니다(요 2:24-25). 사람은 사랑의 존재이지, 의지의 대상이 아닙니다. 그렇기 때문에 예수님만 의지해야 합니다. 지나치게 사람을 의지하다 보면 실패와 낭패를 당하게 됩니다. 그래서 저는 이 찬송가 가사를 참 좋아합니다. 찬송가 394장입니다.

"이 세상의 친구들 나를 버려도 나를 사랑하는 이 예수뿐일세/ 예수 내 친구 날 버리잖네 온 천지는 변해도 날 버리지 않네."

우리를 절대 버리지 않는 친구 한 분이 계십니다. 바로 예수님이십니다. 예수님은 저와 여러분을 절대 버리지 않습니다. 업신여김을 당할 때, 모욕을 당할 때, 조롱과 수치를 당할 때도 예수님을 더욱 의지해야 합니다.

억울하게 진의와는 전혀 상관없이 사람들에게 조롱을 당하고, 비웃음을 당하고, 억울한 일을 당하고, 모함당하고 있는 것 때문에 괴롭습니까? 하나님께 기도하시기를 바랍니다. 하나님께 맡기십시오. 하나님께 호소하십시오. 하나님 아버지께 다 토해내십시오. 그러면 하나님께서 상한 마음을 위로하시고 고쳐주실 것입니다.

"내 사랑하는 자들아 너희가 친히 원수를 갚지 말고 하나님의 진노하심에 맡기라 기록되었으되 원수 갚는 것이 내게 있으니 내가 갚으리라고 주께서 말씀하시니라 네 원수가 주리거든 먹이고 목마르거든 마시게 하라 그리함으로 네가 숯불을 그 머리에 쌓아 놓으리라"(롬 12:19-20).

형들에게 조롱당하고 비웃음을 당했던 요셉을 애굽의 총리로 높이 세우셨습니다. 하만에서 조롱당했던 모르드개를 하나님께서 총리로 높이 세우셨습니다. 반면에 하만은 자기가 세운 높은 장대 위에서 죽임을 당했습니다.

히스기야 왕 때에 앗수르 군대가 예루살렘을 포위했습니다. 랍사게 장군이 와서 편지를 읽으며 히스기야 왕과 온 유다 백성들을 조롱합니다. 속히 항복하는 것만이 살 길이라면서 압박합니다. 항복하면 자비를 베풀어줄 것이라고 합니다. 이 수치스러운 말을 히스기야가 듣습니다. 이 말을 듣고 히스기야 왕은 성전에 들어가서 하나님께 기도합니다. 히스기야 왕이 항복을 하지 않으니까 이번에는 앗수르 왕 산헤립이 직접 조속한 시일 내에 항복할 것을 요구하며, 히스기야 왕과 유다 백성, 그리고 하나님을 비웃는 조롱의 편지를 씁니다. 이 편지를 받자 히스기야는 성전에 올라가 그 편지를 여호와 앞에 펴 놓고 이렇게 기도합니다.

"우리 하나님 여호와여 원하건대 이제 우리를 그의 손에서 구원하옵소서 그리하시면 천하 만국이 주 여호와가 홀로 하나님이신 줄 알리이다"(왕하 19:19).

이 기도를 듣고 여호와께서 그 밤에 앗수르 진영에 군사 십팔만 오천 명을 쳐서 송장으로 만들어 버립니다. 그러고 나서 고국으로 패주한 앗수르 왕은 니스록 신전에서 경배하다가 신복인 아드람멜렉과 사레셀에게 피살당합니다. 그리고 그 아들 에살핫돈이 왕이 됩니다. 아들이 부하들을 시켜 아버지를 살해해 버린 것입니다.

사람들에게 조롱 받고, 비웃음을 당하는 것은 참기 힘들고 괴롭습니다. 연예인들과 유명인들이 악풀에 시달리고, 그것 때문에 우울증에 걸리기도 하고, 심지어는 자살까지 합니다. 이런 것을 보면 조롱과 비웃음은 인간이 참기 힘든 고통입니다. 그러나 이런 조롱과 비웃음, 수치와 수모 앞에서도 우리 예수 믿는 사람들은 흔들리지 말아야 합니다. 왜 그렇습니까? 우리 대신 수모와 조롱과 비웃음과 정죄를 당하신 예수님이 함께 하시기 때문입니다. 그 예수님께서 그 아픔과 고통을 다 알고 계시기 때문입니다. 그 예수님께서 우리의 억울함을 다 풀어주실 것입니다. 우리를 괴롭히는 적대자들을 다루어 주실 것입니다. 예수님은 부활의 영광, 구원의 완성을 위해 죽기까지 참으셨습니다. 그 앞에 좋은 것이 기다리고 있기 때문에 예수님은 업신여김과 조롱과 폭언을 참으셨습니다.

"믿음의 주요 또 온전하게 하시는 이인 예수를 바라보자 그는 그 앞에 있는 기쁨을 위하여 십자가를 참으사 부끄러움을 개의치 아니하시더니 하나님 보좌 우편에 앉으셨느니라 너희가 피곤하여 낙심하지 않기 위하여 죄인들이 이같이 자기에게 거역한 일을 참으신 이를 생각하라"(히 12:2-3).

그래서 성도는 십자가에서 고난을 참으신 예수님을 늘 묵상해야 합니다. 이것이 조롱과 비웃음을 이겨내는 비결입니다. 조롱 때문에 힘들어 하십니까? 비웃음 때문에 억장이 무너지십니까? 모함과 억울한 일 때문에 고통스러워하고 계십니까? 수치와 수모 때문에 숨고 싶습니까? 절대 움츠리거나 낙심하지 마십시오. 이럴 때일수록 더 열심히 일 하십시오. 분노하십시오. 그 분노를 긍정적인 에너지로 재활용 하십시오. 예수님의 십자가를 깊이 묵상하십시오. 하나님께서 우리 모두를 조롱과 비웃음과 수치와 억울함이라는 십자가의 자리에서 일으켜 세워 주실 것입니다. 하나님께서 원수들을 우리를 대신하여 갚아 주실 것입니다.

압박과 억눌림을 당할 때

느 4:7-14

살다 보면 편안하고 좋은 일도 많이 생기지만, 반면에 계획하고 뜻하는 대로 일이 풀리지 않아 삶의 압박을 당하여 불안하고 초조해 질 때가 간혹 있습니다.

우리가 그동안 느헤미야서를 통해 살펴 본 것처럼, 주변국의 모함과 멸시 속에서도 느헤미야와 백성들이 예루살렘 성벽공사를 시작합니다. 공사가 잘 진행되자 또 다시 주변국의 총독들이 느헤미야와 유다 백성을 업신여깁니다. 그러나 개의치 않고 느헤미야와 백성들은 성벽 재건 공사에 열심을 내어 공사를 계속 진행합니다. 그리고 이제는 거의 완공 단계에 이르게 됩니다.

"산발랏과 도비야와 아라비아 사람들과 암몬 사람들과 아스돗

"그 허물어진 틈이 메꾸어져 간다 함을 듣고." 이 구절을 통해서
어느 정도 예루살렘 성벽 수축공사가 거의 준공 단계까지 갔다는
것을 알 수 있습니다. 그런데 문제는 또 다시 사마리아 총독 산발랏
을 비롯한 주변국 암몬과 아라비아 총독들이 너무 셈이 나서 화가
극에 달했다는 것입니다. 모함하고, 비방하고, 업신여기면 느헤미
야가 힘들어서 공사를 멈출 줄 알았습니다. 그리고 백성들도 겁이
나서 공사를 포기할 줄 알았습니다. 그런데 오히려 더 열심히 공사
에 참여합니다.

이런 모습을 보니 너무나 시기가 생깁니다. 안 그래도 총독 느헤
미야가 페르시아 왕의 총애를 받아 유다 총독으로 부임한 것이 셈
이 나는데, 오합지졸인 유다 백성들을 한 마음 되게 하여 무너진 예
루살렘 성벽 재건 공사를 너무나 잘 해내는 모습을 보니 너무 시기
가 생기고 질투가 납니다. '어떻게 하면 느헤미야 총독이 공사 중단
을 선언할까? 그리고 백성들로 하여금 예루살렘 성벽 재건 공사를
그만두게 만들까?' 이렇게 고심하다가 주변국 총독들은 무력으로
성벽 재건 공사를 완성하지 못하도록 방해전략을 세웁니다.

"예루살렘으로 기서 치고 그곳을 요란하게 하자." 무슨 말씀입니까? 북쪽의 사마리아, 남쪽의 아라비아, 동쪽의 암몬이 연합으로 유다의 예루살렘을 침공하여 혼란스럽게 만들어 버리자는 것입니다. 한 마디로 말하면 판을 뒤집어엎자는 것입니다. 그런 경우를 보셨습니까? 바둑이나 장기를 두다가 고수가 하수한테 밀리는데, 주변 사람들은 하수의 편을 듭니다. 그러면 고수가 괜히 옆에서 훈수하는 사람을 핑계 삼아 '나 못해' 하면서 판을 확 뒤집어엎는 경우가 간혹 있습니다. 이와 마찬가지입니다.

느헤미야 총독이 백성을 너무 잘 통솔하고, 나라를 잘 다스리고, 일을 잘 합니다. 그러니까 이들이 방해하려고 군대를 동원하여 전쟁으로 위협하고 협박합니다. 북한 정권이 남한 정부에 하는 형태와 흡사합니다. 북한 정권이 볼 때 남한 정부가 너무 잘 하거든요. 비방하고 협박하다가 남한 백성과 정부가 하나 되어 꼼짝도 안하니까 바다로, 육지로 무력으로 포를 쏘고, 어뢰를 쏘고 있습니다. 근본적인 이유는 질투입니다. 시기가 납니다. 너무 셈이 나서 견딜 수가 없습니다. 그냥 자존심 내버리고 축하한다고 하면서 도와달라고 하면 될 텐데 그렇게 하지 않습니다. 그 알량한 자존심 때문에, 북한이 절대 손을 벌리지 못하는 것입니다.

시기와 질투는 무서운 숨은 죄악이요, 영적 질병입니다. 육신을 병들게 만드는 근본 원인이 바로 이 시기심입니다. 시기, 질투의 근본 뿌리가 무엇입니까? 열등감입니다. 산발랏, 도비야, 게셈 등 유다 주변국 총독들이 유다 총독 느헤미야에게 열등감을 가지고 있었습니다. 그 열등감의 증세가 극심하여 무력으로, 힘으로 느헤미야를 무너뜨리기 위해서 무력 침공을 결정했던 것입니다. 그러자 공사에 참여한 유다 백성들 사이에 전쟁이 일어날 것이라는 소문이 파다하게 나돕니다. 그러자 백성들 사이에 동요가 일어납니다. 공사를 그만 짓자는 말도 나돌기 시작합니다. 힘이 빠져서 더 이상 공사를 못한다고 하지만, 속사정은 전쟁에 두려움 때문입니다. 주변 연합국의 침공에 대한 두려움이 백성들로 하여금 공사를 중단하도록 압박을 한 것입니다. 그리고 심지어는 변방에 있던 유다 백성들이 느헤미야에게 군사를 파견해서 자신들을 보호해 달라고 열 번씩이나 요청합니다. 이런 것을 보아서 전운 감돌고 언제 침공할지 모르는 일촉즉발의 위기 상황을 느헤미야가 맞이했던 것입니다.

총독 부임 후 느헤미야가 최대 위기를 맞이했습니다.

> "힘이 다 빠졌으니 우리가 성을 건축하지 못하리라"(느 4:10).
> "살륙하여 역사를 그치게 하리라"(4:11).
> "열 번이나 우리에게 말하기를 너희가 우리에게로 와야 하리라"(4:12).

이런 위기 속에서, 이런 무력 침공의 위협과 압박 속에서 느헤미야는 어떤 처방을 내립니까? "여러분, 당신들의 말이 옳습니다. 전쟁이 일어나면 안 됩니다. 우리 이제 그만 공사를 중단합시다. 그리고 집으로 돌아갑시다. 성 건축하는 것보다 평화와 생명이 더 중요합니다.” 이렇게 적들의 무력 압박에 겁이 나서 항복해 버렸습니까? 그렇지 않습니다. 느헤미야는 적들의 전쟁 압박에 주눅 들어서 겁을 먹지 않았습니다. 소극적으로 나가지 않고, 오히려 적극적인 공세를 취했습니다. “그래, 한 번 해 보자! 너희들이 우리를 침공한다고. 그렇다면 우리는 가만히 있을 수 없다. 한 번 해보자. 한 번 붙어보자.” 이렇게 적극적으로, 전투적 자세로 위기를 대처하고, 압박을 뚫고 나갑니다.

“우리가 우리 하나님께 기도하며 그들로 말미암아 파수꾼을 두어 주야로 방비하는데”(느 4:9).

위기와 압박 속에서 하나님께 더 기도했습니다. 그리고 파수꾼을 세워 국경과 성을 방비했습니다. 또한 각 지파 별로 무기를 나눠 주고 성 주변을 지키게 했습니다.

“내가 성벽 뒤의 낮고 넓은 곳에 백성이 그들의 종족을 따라 칼과 창과 활을 가지고 서 있게 하고”(느 4:13).

그리고는 처음에 공사 시작할 때처럼 모든 백성들을 모으고 “우리는 두려워하지 말고, 지극히 크신 주를 기억하고, 형제와 자녀와 아내와 집을 위하여 싸우자.”라고 감동적인 연설을 합니다. 나라와 가정을 위하여, 전능자 여호와 하나님을 의지하여, 두려워하지 말고 우리 함께 적들과 싸우자고 하면서 두려움 중에 있는 백성들을 고무시키고, 용기를 불어 넣었습니다.

지도자를 만나려면 이런 지도자를 만나야 합니다. 이렇게 용기 있고, 전략이 있고, 담대한 지도자를 만나야 합니다. 유다 백성들은 복이 많은 백성입니다. 복이 있는 백성들은 어떤 백성입니까? 위기를 잘 대처해 나가는 지도자, 적들의 압박 속에도 굴복하지 않는 지도자, 힘 잃은 백성들에게 용기를 불어 넣어주고, 전략을 세우고, 적들의 침공을 대비하여 미리 준비하는 지도자를 만나는 것이 백성들의 복입니다. 우리는 어떤 영적 지도자가 되어야 합니까? 느헤미야처럼 용감하고 담대한 지도자가 되어야 합니다.

위기를 만나셨나요? 그 위기 때문에 압박을 당하십니까? 그 압박 때문에 잠을 잘 이루지 못하십니까? 불안하고 초조하십니까? 두려우십니까? 느헤미야를 바라보시기 바랍니다. 느헤미야를 바라보면서 힘을 얻고, 용기를 얻고, 우리 안에 찾아온 불안과 초조를 쫓아내고, 그 두려움을 몰아내고, 낙망과 절망을 물리치고, 우리의 삶을 압박하고 조여 오는 위기와 싸워야겠다는 믿음을 가져야 합니다.

"강하고 담대하라 두려워하지 말며 놀라지 말라 네가 어디로 가든지 네 하나님 여호와가 너와 함께 하느니라"(수 1:9).

"두려워하지 말라 내가 너와 함께 함이라 놀라지 말라 나는 네 하나님이 됨이라 내가 너를 굳세게 하리라 참으로 너를 도와주리라 참으로 나의 의로운 오른손으로 너를 붙들리라"(사 41:10).

다윗이 하루는 전쟁터에 있는 형들의 안부를 물을 겸, 음식을 들고 블레셋과 대치하고 있는 이스라엘 진영으로 갔습니다. 그런데 사울 왕을 비롯한 모든 이스라엘 군사들이 두려움 가운데 떨고 있습니다. 이유는 블레셋의 위대한 장수 골리앗 때문이었습니다. 골리앗이 매일 전선에 나와 자기와 싸울 자 없느냐고 하며 이스라엘 진영을 압박했습니다. 누구도 골리앗 장군과 대결하기 위해 나가지 않았습니다. 이런 두려움과 압박 속에 있을 때, 다윗이 골리앗과 맞서기 위하여 엘라 골짜기로 내려가게 됩니다. 그러자 사울 왕이 다윗에게 자기의 군복과 칼을 주었습니다. 그러나 이것들이 익숙하지 않아서 다윗은 이것을 거부하고 그냥 목동의 차림으로 막대기와 물매를 가지고 내려갔습니다. 이 모습을 본 골리앗이 "네가 나를 개로 여기고 막대기를 가지고 내게 나아왔느냐"고 하면서 다윗을 조롱합니다. 그러자 다윗이 골리앗에게 말합니다.

"너는 칼과 창과 단창으로 내게 나아 오거니와 나는 만군의 여호와의 이름 곧 네가 모욕하는 이스라엘 군대의 하나님의 이름으로 네게 나아가노라…여호와의 구원하심이 칼과 창에 있지 아니함을 이 무리에게 알게 하리라 전쟁은 여호와께 속한 것인즉 그가 너희를 우리 손에 넘기시리라"(삼상 17:45, 47).

그리고 다윗이 골리앗을 향해 달려가며 물매를 던집니다. 결과가 어떻게 되었을까요?

모세가 출애굽 후 이스라엘 백성들을 데리고 바란 광야 가데스에 머물 때였습니다. 모세는 가나안 정복을 위하여 각 지파 별로 한 사람씩 선발하여 12 정탐꾼을 가나안으로 보냅니다. 그리고 40일 동안 정탐한 후에 돌아와서 보고하는데, 12명 중 10명의 정탐꾼은 부정적이었습니다. 가나안은 너무나 강하고 성읍이 견고하고 원주민들은 장대하여 절대 정복할 수 없는 땅이라고 하면서 자신들은 가나안 족속들과 비교할 때 메뚜기 같았다고 보고합니다. 그러나 나머지 2명의 정탐꾼인 여호수아와 갈렙은 달랐습니다. 두 사람은 "올라가서 그 땅을 차지하자, 그러면 승리를 쟁취할 것이다. 과연 하나님이 말씀하신대로 가나안은 젖과 꿀이 흐르는 땅이었다. 두려워하지 말자. 그들은 우리들의 밥이다. 여호와께서 우리와 함께 하시니 두려워하지 말고 가나안으로 건너가자."고 하며 긍정적으로 보고합니다. 민수기 14장에 나오는 장면입니다. 우리는 그들 앞에 메뚜기라고 보고한 10사람의 정탐꾼과, 그들은 우리의 밥이라고 보고한 두 사람의 정탐꾼이 비교됩니다. 이들의 결말은 어떻게 되었습니까?

사도 바울이 죄인으로 배를 타고 로마로 압송되다가 유라굴로라는 광풍을 만납니다. 그리고 무려 14일간 배가 방향을 잃고 지중해를 표류합니다. 이 광풍 앞에 선원, 로마 군인 등 276명의 전 승객이 두려움 속에 빠집니다. 그리고 이 두려움으로 인한 압박을 견디지 못해 식음을 전폐하고 삶을 포기합니다. 이 때 유일하게 한 사람, 죄수로 재판 받기 위해 로마로 압송되어 가던 사도 바울만이 폭풍우와 싸우면서도 하나님을 믿음으로 나머지 사람들에게 살 소망을 가지라고 담대히 말합니다.

살다 보면 위기를 만납니다. 폭풍우도 만납니다. 그리고 이것 때문에 삶의 압박을 받습니다. 불안하고 초조하고, 염려가 되고 근심이 됩니다. 안절부절못하기도 합니다. 우리 앞에 두려움이 엄습해 올 때, 그 두려움으로 인한 압박이 나를 얽어 맬 때, 우리 앞에 뜻하지 않는 위기가 찾아올 때, 그 위기로 인하여 압박을 받아 잠을 이루지 못할 때, 뜻하지 않은 큰 실수로 인해 책임을 물어야 하는 압박으로 짓눌려 있을 때 우리는 어떻게 해야 합니까? 싸워야 합니다. 그 두려움과 싸워야 합니다. 피하지 말아야 합니다. 도망치지 말아야 합니다. 그 위기와 싸워야 합니다. 포기하지 말아야 합니다. 주저앉지 말아야 합니다.

왜 그렇습니까? 하나님이 우리와 함께 하시기 때문입니다. 실패와 싸워야 합니다. 실패를 통과해야 합니다. 위협과 압박도 통과해야 합니다. 폭풍우를 뚫고 나가야 합니다. 위기를 뚫고 전진해야 합니다. 믿음으로 이 모든 거친 세상의 폭풍을 뚫고 나가야 합니다. 영적 승리를 꿈꾸며 느헤미야와 같은 담대한 믿음으로 거침없이 달려가야 합니다. 부활이 우리 앞에 있는데 무엇이 두렵겠습니까?

3부
섭리, 벼랑으로

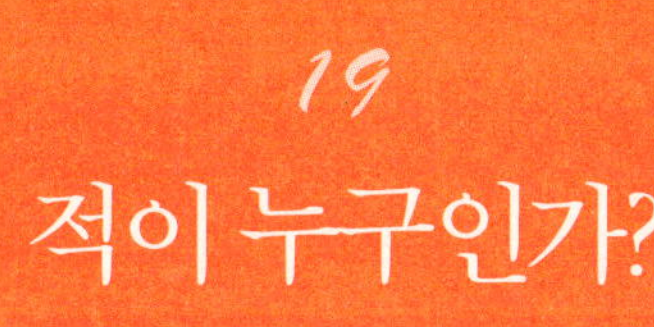

적이 누구인가?

느 4:15-23

이제 전운이 감돌던 일촉즉발의 위기가 하나님의 도우심으로 사라지게 됩니다. 전쟁의 위기가 사라지게 된 이유는 주변국의 침공 계획이 느헤미야와 유다 백성들에게 사전에 탄로 났기 때문입니다. 하나님께서 그들의 꾀를 폐하신 것입니다.

> "우리의 대적이 우리가 그들의 의도를 눈치챘다 함을 들으니라 하나님이 그들의 꾀를 폐하셨으므로 우리가 다 성에 돌아와서 각각 일하였는데"(느 4:15).

느헤미야와 유다 백성들은 주변의 적들이 쳐들어온다는 소문으로 인해 전쟁을 치를 만반의 준비를 하다가, 적들이 침략 계획을 포기했다는 소식을 듣게 되자 예전처럼 성벽 재건 공사에 전념합니다. 그런데 처음처럼 공사만 전념한 것이 아닙니다. 언제 적들이 또 쳐들어올지 모르기 때문에 전쟁에 대비하면서 공사를 진행했습니다.

느헤미야 4장 16절에는 "내 수하 사람들의 절반은 일하고 절반은 갑옷을 입고", 17절에는 "성을 건축하는 자와 짐을 나르는 자는 다 각각 한 손으로 일을 하며 한 손에는 병기를 잡았는데", 18절에는 "건축하는 자는 각각 허리에 칼을 차고", 그리고 언제 침략할지 모르는 적들의 공격에 대비하기 위하여 나팔수를 세워 경계체계까지 세워나갑니다. 20절에는 "어디서든지 나팔 소리를 듣거든 그리로 모여서 우리에게로 나아오라", 그리고 조를 나누어서 절반은 낮에 공사에 참여하고, 절반은 밤에 성내에서 경계근무를 섭니다. 22절입니다. "밤에는 우리를 위하여 파수하겠고, 낮에는 일하리라." 이렇게 4장 15절에서 22절까지 느헤미야서가 묘사하는 전체적인 분위기는 유다 백성들이 긴장을 늦추지 않고, 적들의 공격에 대비하여 만반의 준비 태세를 갖추고 동시에 적극적으로 공사에 참여하는 긴장의 연속입니다. 또한 나팔수를 세워 공사에 참여하는 백성들로 하여금 경각심을 가지도록 만듭니다.

세상이 감당하기 힘든 사람이 있습니다. 바로 이렇게 철저히 준비하는 사람들입니다. 또한 맡은 일에 최선을 다하는 사람입니다. 이런 사람은 세상이 감당하지 못합니다. 경각심을 갖고 미래를 준비하고 자신의 일에 최선을 다하는 사람은 못 당합니다. 당할 수가 없어요. 반면에 어떤 사람이 제일 상대하기 쉽습니까? 게으름을 피우고, 또한 자기 맡은 일을 소홀히 다루는 사람은 상대하기 제일 쉬운 사람입니다. 이것은 어느 사람이나 공동체에도 마찬가지입니다.

교회도 마찬가지입니다. 교회가 언제 있을지 모를 악한 사탄 마귀의 공격에 대비하여 영적 경각심을 가지고 영적으로 완전 무장하고 있으면, 악한 사탄 마귀가 교회를 무너뜨리려고 공격하다가 공격루트를 찾지 못해 도망가고 말 것입니다. 오히려 한 길로 왔다가 천 길로 도망가 버리게 됩니다. 그런데 교회가 영적으로 나태하고, 해이해져서 완전히 풀어져 있으면 악한 사탄 마귀가 침투하여 교회를 무너뜨리는 것은 순식간입니다. 그래서 신약 성경은 교회를 향해 언제 있을지 모를 악한 사탄 마귀의 침략에 대비하여 영적으로 완전 무장하고 있으라고 경고하고 있습니다.

"마귀의 간계를 능히 대적하기 위하여 하나님의 전신 갑주를 입으라"(엡 6:11).

"하나님의 전신 갑주를 취하라 이는 악한 날에 너희가 능히 대적하고 모든 일을 행한 후에 서기 위함이라"(엡 6:13).

예수 믿고 세례 받은 후부터 시작된 신앙생활은 구원의 완성인 주님 앞에 설 때까지 끝없는 영적 전쟁입니다. 죄로 인하여 영과 육신이 파괴되어 무너진 우리가 세례를 통해 예수님을 주님으로, 구원자로 믿은 이후부터는 파괴되고, 불타고, 무너진 우리의 영과 육신이 새롭게 세워지게 됩니다. 연약하고, 허물 많은 우리가 강건한 사람으로 세워집니다. 예수님 닮은 하나님의 사람으로, 그리스도의 제자로, 온전한 성도로 멋지고 아름답고 강건하게 세워집니다. 훈련과 말씀과 기도를 통해서 파괴된 영혼이 회복되고 건강한 성도로 거듭나게 되는 것입니다.

그러므로 세례를 통해 예수님과 출발한 신앙생활은 단지 공사 시작에 불과한 것입니다. 구원의 완성이라는 공사의 완공까지 영적 경각심을 잃지 않고 지속적으로 성장해 나가야 합니다. 그렇지 않으면 또 다시 무너져 공사를 다시 시작해야 하는 불상사를 당하게 됩니다. 왜 그렇습니까? 방해하는 자들이 있기 때문입니다.

죄로 인하여 불타버린 우리의 영과 육이 예수 그리스도의 도우심과 성령의 인도하심을 통해 강건하게 세워져 나가는 것을 가장 시샘하는 자가 누구입니까? 바로 사탄 마귀입니다. 죄를 짓게 하여 하나님으로부터 자기편으로 데려 오는데 성공한 사탄 마귀는 한 영혼도 빼앗기지 않으려고 몸부림칩니다. 그래서 사탄 마귀는 우리들이 예수 믿고 구원 받아 하나님의 백성이 되고, 예수님 닮아 하나님이 기뻐하시는 온전한 성도가 되는 것을 가만히 눈 감고 보지 못합니다. 계속해서 방해하려고 합니다. 침공하고 망가뜨리려고 합니다. 어떻게 해서든지 성도들이 구원의 완성을 이루지 못하도록 끊임없이 방해 공작을 폅니다.

마귀는 세상 주관자들과 손을 잡고, 그들을 배후에서 조종하여 어떻게 해서든지 구원 받은 하나님의 백성들이 구원의 완성을 이루지 못하고 중도 탈락, 중도 포기하도록 하기 위해서 방해 공작을 1년 365일 계속 하고 있습니다. 이런 악한 사탄 마귀의 음모 앞에 많은 사람들이 무너집니다. 쓰러집니다. 영적으로 대단해 보이는 사람들도 무너지고, 목회자도 무너지고, 한 때는 믿음과 성령이 충만하고 대단한 신앙심을 소유한 성도들도 쓰러집니다.

마귀의 공격과 음모 앞에는 장사가 없습니다. 조금이라도 경각심을 풀면 여지없이 마귀는 우리를 공격하고 무너뜨립니다. 사탄 마귀의 전략과 음모는 단 하나입니다. 교회를 파괴하고, 교회를 무너뜨리고, 교회를 오합지졸로 만드는 것입니다. 교회로 하여금 교회 본연의 일을 하지 못하게 하고, 다른 일에 신경 쓰도록 만드는 것입니다. 교회로 하여금 나태하게 만들고, 자만하게 만들고, 우쭐하게 만들고, 서로 경쟁하게 만들고, 싸우게 만들고, 비난하게 만들어 교회를 박살내 버리는 것입니다.

마치 사마리아와 암몬과 아라비아 총독들이 유다 백성과 예루살렘 성이 아름답게 건축되어 가는 것을 배 아파하여 침공하여 무너뜨리려는 음모를 꾸미고 있는 것처럼, 지금도 사탄 마귀는 호시탐탐 교회와 성도들을 영적으로 무너뜨리고, 박살내기 위하여 음모를 꾸미며 기회를 엿보고 있습니다. 특별히 신앙생활 잘 하는 영적 지도자와 교회 내 중요한 직분을 가진 자들을 주 타겟(target)으로 하여 음모를 세우고 있습니다. 성도들은 이런 사실을 알아야 합니다. 지금 벌어지고 있는 일들이 사탄 마귀의 계략과 음모와 공격으로 인하여 벌어진 것인지, 아니면 다른 이유 때문에 발생한 일인지 분명한 영적 분별력을 가지고 대처해 나가야 합니다.

욥을 공격한 것은 누구입니까? 바로 사탄입니다. 사탄이 하나님을 너무 잘 섬기고 복 받는 욥을 보니까 샘이 나고 질투가 납니다. 그리고 하나님께 고자질 합니다. "저 욥이 부자라서 그렇지, 재물을 다 거두어 가면 하나님을 저주할 것입니다." 그러자 하나님께서 욥에게 고난을 허락하십니다. 이에 사탄이 욥의 재산을 순식간에 사라져 버리게 만들고, 욥의 자녀들까지 빼앗아 갑니다. 더 나아가 욥의 몸에 악창이 나게 하고, 사랑하는 아내에게까지 버림받게 만듭니다. 그런데 욥은 끝까지 하나님을 배신하지 않고, 하나님을 사랑합니다. 비록 도중에 약간의 실수는 합니다만 사탄 마귀의 엄청난 공격 앞에도 자신의 신앙을 버리지 않습니다. 그러자 하나님께서 어떻게 하셨습니까? 욥이 잃은 것보다 갑절로 회복해 주십니다. 우리도 사탄이 주는 각종 시련과 환난과 핍박 중에 믿음을 잘 지키면 잃은 것보다 하나님께 더 큰 복을 받을 것입니다.

예수님도 사탄의 공격을 받으셨습니다. 사탄에게 세 가지 시험을 받으셨습니다. 공생애 사역 시작 전에 40일 금식하셨습니다. 그 때에 성령에게 이끌리어 광야로 가십니다. 거기서 사탄이 예수님을 시험합니다. 그런데 예수님 어떻게 하셨습니까? 그 시험에 넘어졌습니까? 아닙니다. 시험을 이기셨습니다. 어떻게 이기셨나요? 기록된 구약의 말씀으로 이기셨습니다.

악한 사탄 마귀의 유혹과 시험을 이기는 가장 좋은 영적 무기는 바로 기록된 하나님의 말씀입니다. 하나님의 말씀으로 악한 사탄 마귀와 대적하여 승리하게 되는 것입니다. 항상 영적 경각심을 가져야 합니다. 성도가 싸워야 할 대상은 통치자들과 권세들과 이 어둠의 세상 주관자들과 하늘에 있는 악의 영들입니다(엡 6:12).

사탄 마귀는 가정과 교회를 분열하고, 비방하는데 혈안이 되어 있습니다. 사탄의 뜻이 분열하는 자입니다. 하나 되지 못하게 분열을 조종하는 영적 배후 조종자가 바로 사탄입니다. 사탄이 다스리는 악한 영들을 사람들에게 보내어 자신의 하수인으로 만듭니다. 자신의 하수인 된 그 사람들을 통해서 교회 내 분열을 조장하고, 파괴하게 만듭니다. 목사도, 장로도, 일반 성도도 예외가 될 수 없습니다. 누구나 악한 사탄 마귀의 하수인이 될 수도 있습니다. 담임목회자인 저 자신도 사탄의 하수인이 될 수 있습니다.

베드로에게도 어느 순간 사탄이 들어가서 그를 지배했습니다. 예수님의 제자 가룟 유다는 나중에 사탄의 지배를 받아 비참한 최후를 맞이하게 됩니다. 제자들도 사탄 마귀의 꾐에 빠져 시기 질투 비방하며 치열하게 싸웠습니다. 명예욕에 혈안이 되어서 정신을 차리지 못했습니다. 성군 다윗도 어느 순간 사탄의 공격을 받아 충신 우리야 장군의 아내 밧세바를 범하고, 우리야까지 죽게 했습니다. 사울 왕은 왕위 40년 중에 2년만 빼놓고 38년간 사탄의 지배를 받고 살다가 참으로 비극적인 최후를 맞았습니다.

또 사탄은 돈으로 교회와 성도를 공격합니다. 성(sex)으로 공격합니다. 명예욕으로 공격합니다. 편안하고 안락한 삶으로 공격합니다. 비방과 핍박으로 공격합니다. 시기와 질투로 공격합니다. 미움과 증오로 공격합니다.

사탄의 이 무시무시한 공격 앞에 "나는 아니야. 나는 승리할 수 있어."라고 하며 자신 있게 장담할 수 있는 성도는 아무도 없습니다. 경건의 끈을 놓는 순간, 영적 경각심을 푸는 순간, 우리는 사탄의 공격을 받게 되는 것입니다.

이런 영적 경각심을 가지고, 하나님의 전신갑주로 완전 무장하여 악한 사탄 마귀의 음모와 싸워 승리하는 우리 각자와 교회가 되어야 합니다. 사탄은 지금도 교회를 무너뜨리기 위해서 호시탐탐 교회를 노리고 있습니다. 두렵고 떨리는 심정으로 항상 조심하며 주님을 섬겨야 합니다.

이제 느헤미야는 52일, 약 두 달 만에 예루살렘 성벽 수축공사가 끝냅니다. 그런데 이 기간 동안 예루살렘에 흉년이 들었습니다. 사회적 경제적으로 굉장한 어려움이 닥쳤습니다.

"어떤 사람은 말하기를 우리가 밭과 포도원과 집이라도 저당 잡히고 이 흉년에 곡식을 얻자 하고"(느 5:3).

느헤미야는 외부적으로 주변 적들의 위협이 있었고, 내부적으로는 경제적 어려움에 봉착합니다. 느헤미야는 4장에서 외부의 문제를 다루었습니다. 그런데 이제 5장에서는 내부의 문제를 다루고 있습니다. 성벽공사가 시작되는 4장과는 분위기가 완전히 다릅니다. 느헤미야가 이제 내부의 문제에 직면한 것입니다.

여기 〈그때에〉는 어떤 상황을 두고 하는 말입니까? 밤에는 파수
하고, 낮에는 공사현장에서 일을 할 때에라는 말입니다. 공사에 전
념하고, 또한 밤에는 성내에서 언제 있을지 모를 적의 침입에 대비
하여 경계근무를 서고 있을 때입니다.

총독 느헤미야가 성전 수축공사를 방해하고 괴롭히는 주변국들
의 문제가 이제는 진정되어서 한숨을 돌리려고 할 때에 또 다른 일
이 터진 것입니다. 이제 공사도 거의 완공되어 가고, 적들이 쳐들어
올 기미도 없고, 성벽준공식을 하는 좋은 일만 남아서 조금 한숨 돌
리고 다리 좀 뻗고 쉬려는데, 또 다른 일이 터진 것입니다. 이번에
는 외부의 일이 아니라, 내부의 일입니다. 유다 백성들의 문제입니
다. 일반 백성들과 귀족들의 대립과 갈등 문제입니다. 부자와 가난
한 자의 갈등 문제입니다.

무슨 문제입니까? 돈 문제입니다. 돈 많은 귀족과 민장들이 흉년
으로 더욱 가난해지고, 돈 없는 일반 백성을 상대로 이자놀이를 하
면서 백성들의 재물을 취한 것입니다. 더군다나 이자를 내지 못하
고, 돈을 갚지 못하니까 자녀들까지 데리고 가서 종으로 삼고, 안식
년이 지났는데도 풀어주지 않았습니다. 그러니까 백성들이 죽겠다
고, 못살겠다고 원성들이 대단했습니다. 이 소리가 총독 느헤미야

의 귀에까지 들렸습니다.

그러자 느헤미야가 대회를 소집했습니다. 귀족들과 민장들에게 지금 하는 고액 이자놀이가 너무 잘못된 일이라고 책망하고 앞으로 다시는 이런 고액 이자놀이를 하여 일반 백성들을 착취하지 말라고 했습니다. 고통을 주는 일은 하지 말라고 명령을 내렸습니다. 그리고는 자신도 더 이상 이자를 받지 않겠다고 선언했습니다. 그러고 나서 모든 귀족과 민장에게 백성에게 빌려준 돈과 차압한 물질의 백분의 일을 돌려주라고 명합니다. 그러자 귀족과 민장들은 느헤미야의 명령에 순종합니다.

"나와 내 형제와 종자들도 역시 돈과 양식을 백성에게 꾸어 주었거니와 우리가 그 이자 받기를 그치자 그런즉 너희는 그들에게 오늘이라도 그들의 밭과 포도원과 감람원과 집이며 너희가 꾸어 준 돈이나 양식이나 새 포도주나 기름의 백분의 일을 돌려보내라 하였더니"(느 5:10-11).

무슨 말인가요? 이자놀이 하지 말라는 것입니다. 돈 빌려 주는 경우에 그냥 빌려주고 이방인처럼 이자를 받지 말라는 것입니다. 돈 없는 백성들 약점을 이용해서 고액의 이자를 물리고, 이 일로 인해서 이자를 내지 못하니까 밭과 집과 재산을 차압하고, 더 나아가서 이자 대신 자녀까지 종으로 데려오는 일은 하지 말라는 것입니다. 설사 채무자의 자녀를 종으로 데리고 왔더라도 일정기간이 지났으면 속히 속량해 주라는 말입니다. 6년이 지나고 칠 년째인 안식년이 안 돼도 자녀들을 놓아주라는 말입니다.

왜 그렇습니까? 이런 일들은 이방인들이 하는 짓이며, 동시에 구약의 율법에서 금하고 있는 일이기 때문입니다. 구약의 율법은 동족 간의 이자놀이를 금합니다. 이자놀이를 분명히 죄라고 규정합니다. 또 담보로 받은 것은 하루가 지나기 전에 상대방이 가난에 처해 있을 경우 속히 돌려주라고 합니다. 가난한 광야시대 때는 생계를 꾸릴 돈이 없어 옷을 담보하고 돈을 빌렸습니다. 옷이 없으면 추워서 가난한 자가 죽기 때문에 하루가 지나기 전에 빌려준 돈을 받지 못하더라도 담보로 받은 옷을 돌려주어야 했습니다.

"네가 만일 너와 함께한 내 백성 중에서 가난한 자에게 돈을 꾸어주면 너는 그에게 채권자같이 하지 말며 이자를 받지 말 것이며 네가 만일 이웃의 옷을 전당 잡거든 해가 지기 전에 그에게 돌려 보내라"(출 22:25-26).

"너는 그에게 이자를 받지 말고 네 하나님을 경외하여 네 형제로 너와 함께 생활하게 할 것인즉"(레 25:36).

"가난하고 궁핍한 자를 학대하거나 강탈하거나 빚진 자의 저당물을 돌려 주지 아니하거나 우상에게 눈을 들거나 가증한 일을 행하거나 변리를 위하여 꾸어 주거나 이자를 받거나 할진대 그가 살겠느냐 결코 살지 못하리니 이 모든 가증한 일을 행하였은즉 반드시 죽을지라 자기의 피가 자기에게로 돌아가리라"(겔 18:12-13).

또한 율법은 매 7년 째 되는 해에는, 채권자는 채무자의 부채는 물론 돈을 갚지 못해 종이 된 동족에게 자유를 주어야 한다고 규정하고 있습니다. 이런 것을 보면 느헤미야 당시에 유다의 부자들은 돈을 갚지 못해 종이 된 동족들을 안식년인 7년이 되었는데도 풀어 주지 않고 계속 종살이를 시킨 것 같습니다.

"매 칠 년 끝에는 면제하라 면제의 규례는 이러하니라 그의 이웃에게 꾸어준 모든 채주는 그것을 면제하고 그의 이웃에게나 그 형제에게 독촉하지 말지니 이는 여호와를 위하여 면제를 선포하였음이라"(신 15:1-2).

"네 동족 히브리 남자나 히브리 여자가 네게 팔렸다 하자 만일 여섯 해 동안 너를 섬겼거든 일곱째 해에 너는 그를 놓아 자유롭게 할 것이요"(신 15:12).

특별히 총독 느헤미야는 유다 백성들이 바벨론의 포로 되었다가 하나님의 은혜로 그 속박에서 풀려나 자유의 몸이 되어서 조국 유다로 돌아왔는데, 또 다시 동족이 동족을 돈으로 속박하는 것은 하나님 앞에 불신앙적인 행위라고 규정합니다. 그러면서 귀족과 민장 같은 부자들에게 즉각적으로 가난한 백성들을 경제적 속박에서 풀어 주라고 합니다. 이자로 받은 돈은 돌려주고, 담보로 받은 밭과 포도원도 돌려주라고 합니다. 특히 동족 간에는 돈 거래를 할 때, 이자는 물론 담보를 받지 말고 가난한 동족을 불쌍히 여겨 도우라는 것이 총독 느헤미야가 행한 행정적 조치의 핵심입니다.

당시 부유층인 귀족과 민장들이 고액의 이자를 받으려는 의도가 무엇입니까? 돈을 벌겠다는 것입니다. 자기만 잘 살겠다는 것입니다. 그들의 내면 깊은 곳에 자리 잡은 숨은 의도가 무엇입니까? 탐욕입니다. 사람들의 밭과 포도원과 집을 내 것으로, 내 소유로 만들어야겠다는 탐욕입니다. 그리고 자녀까지 종으로 삼아버리겠다는 숨은 의도는 무엇입니까? 독재력입니다. 정복욕이요, 소유욕입니다. 돈 못 내는 백성을 내 마음대로 부리고, 조종하겠다는 통제력입니다. 돈을 미끼로 해서 사람들을 자기 마음대로 조종하겠다는 마음입니다. 돈으로 사람들을 옭아매어 꼼짝 못하게 만들려는 의도입니다.

가난한 자를 성도들이 어떻게 대해야 하느냐는 이 질문 앞에 16세기 종교개혁가 칼뱅은 이 문제에 대해서 참 재미있는 표현을 했습니다. "가난한 자는 하나님께서 부자들의 믿음을 시험하기 위하여 보낸 천사들이다." 이 표현이 재미있습니다. 부자들은 가난한 자를 어떻게 해서든지 도와야 합니다. 특별히 하나님의 자녀 된 우리 교회 공동체 속에서 가난한 자를 도와야 합니다. 가난한 자가 돈을 빌려 달라고 하면 빌려주고, 대신에 이자는 받지 말아야 합니다. 여유가 좀 있으면 빌려준 돈도 받지 않을 수 있습니다. 그렇게 하면 하나님께서 더 좋은 것으로 갚아주실 것입니다. 땅에서 자비를 쌓으면 하나님께서 갚아주시고 채워주십니다. 더 많이 상상할 수 없을 만큼 채워주시고, 갚아주실 것입니다. 우리 성도는 이런 믿음을 가져야 합니다.

가난하게 되려고 해서 가난하게 됩니까? 모두 열심히 삽니다. 돈이 마치 하나님처럼 군림하는 자본주의 경제 체제 속에서 모두 다 돈을 벌려고 열심히 일합니다. 그런데 어떻게 합니까? 어떤 사람은 사업이 잘 되어서 돈을 잘 벌기도 하고, 어떤 사람은 망합니다. 사업 잘 되다가도 IMF 같은 통제할 수 없는 일이 생겨버리면 어떻게 할 수 없이 망하기도 합니다. 그러면 가난하게 됩니다. 어디 이뿐입니까? 요즘 이혼을 많이 합니다. 이혼 하고 나면 특히 여성들이 경제적으로 힘듭니다. 또한 부모가 헤어져서 남은 자녀들도 경제적으로 뒷받침 해주는 친척이 없으면 가난하게 살 수밖에 없습니다. 소년소녀가장, 독거노인, 실패한 사람들, 실직당한 분들이 우리 주변에 너무 많이 있습니다.

교회 안에는 부자도 있고, 가난한 자도 있습니다. 부자만 모이는 곳이 교회가 아니고, 그렇다고 가난한 자들만 모이는 곳이 교회가 아닙니다. 교회는 부자도 있고, 가난한 자도 있습니다. 부자들을 존중해야 합니다. 모든 부자들이 착취해서 부자가 되었다고 생각하는 것은 정말 위험한 생각입니다. 그들이 부자 된 것은 쉽게 된 것이 아닙니다. 노력하고, 땀 흘리고, 공부하고, 연구하고, 모험을 하기도 하고, 산전수전 다 겪으면서 부자가 된 것입니다. 그러니 참 귀한 분들입니다. 존경 받아야 합니다. 가난한 성도는 이런 부자 성도를 존중하고, 또한 부자 성도는 가난한 성도를 그리스도 안에서 나

의 형제자매로 여겨서 사랑으로 도와주어야 합니다. 그리스도의 사
랑으로 베풀 수 있어야 합니다. 이것이 아름다운 성도들의 공동체
인 교회입니다.

또한 성도들 간에 이자놀이를 하지 말아야 합니다. 돈을 빌려주
더라도 이자는 받지 말아야 합니다. 성도들을 대상으로 이자놀이
하는 분이 교회 내에는 없어야 합니다. 과거에 보면 교회에서 여자
성도들끼리 계를 하다가 깨어져서 많은 분들이 상처를 입고 가정과
교회가 시험에 드는 일이 종종 있었습니다. 가능한 한 성도들 사이
에는 돈 거래하지 말아야 합니다. 돈이 오고 가다 보면 좋을 때는
모르는데 좋지 않을 때는 반드시 그 일 때문에 시험에 들게 됩니다.
관계가 파괴되고, 교회를 떠나는 일까지 생기게 됩니다.

혹시 남의 돈을 빌려서 갚아주지 않고 배짱부리는 분이 있다면
미안하게 생각해야 합니다. 황송하게 생각해야 합니다. 돈 빌릴 때
는 얼마나 겸손합니까? 그런데 돈을 갚아줄 때는 교만해집니다. 당
장에 돈이 없어 갚아주지 못하면 미안한 마음을 가져야 합니다. 저
는 목회자로서 돈 빌려주신 성도님들께 "아이, 돈 받지 마세요. 그
냥 줘 버리세요." 그런 말 절대 못합니다. 그것은 하나님께서 그런
마음을 주셔야 가능한 것입니다.

하여튼 성도들 간에 이자놀이 하지 말아야 합니다. 돈을 빌려 주
고, 꾸는 일도 가능한 한 삼가해야 합니다. 정 필요하시다면 은행에
가든지, 아니면 부모 형제나 세상 친구들에게 빌리는 것이 좋습니
다. 그것도 힘들면 하나님께 빌려 달라고 간청해야 합니다. 하나님

께서 왜 안 빌려 주시겠어요? 가난에 처했나요, 특별한 돈이 필요하세요. 사람들에게 손을 먼저 벌리기 전에 하나님께 엎드리시기 바랍니다. 도와 달라고, 불쌍히 여겨 달라고 하나님께 부르짖고 간구해 보세요. 하나님께서 신비한 방법으로 재정적 필요를 채워주실 것입니다.

구원만 빼놓고, 모든 것이 〈심은 대로 거두게 됩니다.〉 재물이 있으십니까? 부자라고 생각되십니까? 가난에 처하게 될 수도 있습니다. 부자일 때 가난한 자에게 자비를 베풀어야 합니다. 제가 섬기는 교회의 한 장로님은 매년마다 1천만 원씩 구제금으로 내놓습니다. 참으로 귀한 일입니다. 가난하다고 생각되십니까? 기죽지 마시기 바랍니다. 우리는 구원 받은 하나님의 자녀입니다. 천국의 영적 부요함을 누리고 사는 마음의 부자입니다. 물질적으로 어려우면, 최고 부자이신 하나님 앞에 겸손하게 손을 내미십시오. 하나님께서 반드시 채워주실 것입니다.

20세기가 낳은 최고의 부자 록펠러는 돈만을 위한 인생 목표는 곧 파멸의 길임을 병들어 거의 죽게 된 어느 날 깨닫게 되었습니다. 그 때부터 록펠러는 자기 주변 사람들에게 눈을 돌리기 시작했다고 합니다. 그는 새삼스럽게 "죽으면 다 소용없다"는 사실을 깨닫고 두 가지를 실천에 옮겼습니다. 하나는 아무 때나 쉴 수 있게 사무실에 침대 의자를 갖다 놓는 것이었고, 또 하나는 자기의 재물을 나누어 남에게 기쁨을 주는 것이었다고 합니다. 그 후로 자신의 건강도 되찾고, 사회에 공헌하는 베푸는 부자가 되었던 것입니다.

다윗이 가난에 처하게 되었습니다. 사울의 칼을 피하여 도망가다가 먹을 것이 없어 그 동네 최고 부자인 나발에게 먹을 것을 달라고 요청합니다. 자기도 먹고, 자기를 따르는 수많은 부하들도 먹어야 했기에 그에게 구걸합니다. 그런데 나발이 거부합니다. 이 일로 나발은 하나님의 벌을 받아 갑자기 죽고, 가난에 처한 다윗을 도운 아비가일은 다윗의 아내가 됩니다. 사무엘상 25장에 나오는 이야기입니다.

초대 예루살렘교회에서는 과부와 고아 같은 가난한 자들을 잘 돕고 구제했습니다. 참 경건은 고아와 과부와 같은 가난한 자를 돌보는 것입니다.

"하나님 앞에서 정결하고 더러움이 없는 경건은 곧 고아와 과부를 그 환난 중에 돌보고 또 자기를 지켜 세속에 물들지 아니하는 그것이니라"(약 1:27).

16세기 종교개혁가 마틴 루터는 모든 그리스도인은 가슴의 회심, 정신의 회심, 그리고 돈지갑의 회심인 세 가지의 회심이 필요하다고 했습니다. 18세기 감리교의 창시자 요한 웨슬레는 "벌 수 있는 만큼 벌고, 저축할 수 있는 만큼 저축하고, 줄 수 있는 만큼 주라."고 했습니다.

예수 믿는 사람은 예수님이라는 세상에서 가장 값진 보화를 가지고 사는 자이기 때문에 물질에 목을 매지 않습니다. 성경은 물질의 많고 적음이 인생 성공이라고 가르치지 않습니다. 예수 믿고 구원 받아 하나님의 자녀가 된 것 자체가 바로 인생 성공입니다. 그렇다면 예수 믿고 구원 받은 우리 모두는 이미 인생 성공자인 것입니다. 인생 성공자의 품격과 존귀함을 가지고 살아야 합니다. 물질은 소중하지만 이 물질로 남용하지 말고 선용해야 합니다. 이 물질에 지배당하지 말고 물질을 지배해야 합니다. 우리는 물질의 청지기입니다. 물질의 주인이 아닙니다. 이 사실을 항상 명심해야 합니다. 우리 주변에 하나님께서 내 믿음을 시험하기 위해서 보낸 가난한 사람, 천사가 없는지 항상 돌아보아야 합니다.

땅에 욕심이 많은 한 농부가 있었습니다. 그의 관심은 단 하나, 땅 부자가 되는 것입니다. 많은 땅, 비옥한 땅을 많이 가지는 것이 인생 목표였습니다. 그래서 항상 자기가 소유한 많은 땅에도 만족을 누리지 못했습니다. 그러던 어느 날 어느 마을에 가면 땅을 아주 값싸게 많이 살 수 있다는 이야기를 들었습니다. 그 마을 사람들과 촌장에게 좋은 선물을 가져다주고 잘만 보인다면 아주 값싸게 가장 좋은 땅을 얻을 수도 있다는 소식을 들었습니다. 흥분을 감추지 못한 이 농부는 종을 데리고 그 마을로 떠났습니다. 많은 선물을 가지고 가자 넓은 땅에 사는 동네 사람들은 땅 사러온 농부를 환영합니다. 원하는 만큼 얼마든지 땅을 싼 값에 주겠다고 합니다. 그러면서 최종적인 결론은 촌장이 한다며 농부를 촌장에게 데리고 갑니다. 농부는 촌장에게 가장 좋은 옷과 고급 차를 다섯 상자나 선물 합니다. 촌장은 마을 사람들과 의논한 후 원하는 대로 농부에게 땅을 주겠다고 합니다. 천 루블을 내면 하루치의 땅을 주겠다는 약속을 합니다. 그러나 촌장은 그 농부에게 해가 떨어지기 전까지 출발한 자리로 돌아와야 한다는 조건부의 계약을 합니다.

다음 날 아침 그 농부는 일찍 괭이 하나를 들고 떠납니다. 농부는 열심히 뛰어 다니면서 하루 종일 괭이로 자기 땅을 표시합니다. 그러자 해가 기웁니다. 사람들이 해가 진다고 하면서 빨리 오라고 손짓을 하고, 고함을 칩니다. 그러나 농부는 조금이라도 더 많은 땅을 가지고 싶어서 더 많은 곳에다 괭이를 파고 표시를 합니다. 그리고 가까스로 농부는 헐떡거리며 해지기 전에 출발점에 도착합니다. 촌장과 마을 사람들이 농부에게 축하를 보냅니다. 그런데 갑자기 농부가 입에서 피를 토하더니 그 자리에 쓰러져 죽고 맙니다. 농부의 하인이 괭이를 들고 주인을 무덤 속에 묻기 위해 머리에서 발끝까지 치수를 정확히 잽니다. 정확히 2미터 10센티입니다. 이것이 농부 바흠이 차지할 수 있었던 땅의 전부였습니다. 이 이야기는 톨스토이의 단편소설 〈사람에게 얼마만큼의 땅이 필요한가〉에 나오는 내용입니다.

얼마만큼의 땅이 있어야 인간이 만족할 수 있겠습니까? 과연 탐욕은 우리가 속히 제거해야 할 우상입니다. 너무 욕심 부리며 살지 말아야 합니다. 작은 것에도 항상 감사하며 만족하며 사는 것이 하나님께서 가장 기뻐하시는 삶일 것입니다.

누구와 살고 싶은가?

느 5:14-19

2010년에 KBS 방송문화연구소에서 전국 20세 이상 성인 남녀 8,494명을 대상으로 인터넷을 통해 〈결혼에 대한 인식조사〉를 했습니다. 조사하면서 결혼한 기혼자에게 물었답니다. "다시 결혼한다면 지금 배우자와 결혼하시겠습니까?" 이 질문에 4,755명이 응답을 했는데, 결과는 "아니오"라는 응답이 약 60%를 차지했다고 합니다. 10명 중에 6명은 다시 결혼한다면 지금 배우자와 '결혼 안 한다'는 것입니다. 기존 배우자와 결혼 '안 한다'는 비율은 남성보다 여성이 높았다고 합니다. 여성 기혼자는 약 70%로 10명 중 7명, 남성 기혼자는 약 50%로 10명 중 5명이었다고 합니다. 이런 것을 보면 남편들이 아내들을 좀 더 불편하게 만드는 것 같습니다. 여러분은 만약 다시 기회가 주어진다면 이전의 배우자와 다시 결혼하시겠습니까?

누구하고 사느냐는 것은 인생의 행복을 결정하는데 매우 중요한 문제입니다. 행복과 불행의 갈림길이기도 합니다. 어떤 분은 결혼해서 잘 삽니다. 행복합니다. 그런데 어떤 분은 결혼해서 힘들게 삽니다. 불행합니다. 인생의 항해에 있어서 결혼이 매우 중요합니다.

분문 느헤미야 5장 14-19절에 보면 두 부류의 총독이 나옵니다. 현 총독과 전 총독들입니다.

"또한 유다 땅 총독으로 세움을 받은 때 곧 아닥사스다 왕 제이십년부터 제삼십이년까지 십이 년 동안은 나와 내 형제들이 총독의 녹을 먹지 아니하였느니라"(느 5:14).

현 총독인 느헤미야는 백성들을 아주 잘 통치했습니다. 감동을 주는 통치를 했습니다. 느헤미야는 총독이면 당연히 받아야 할 생활비까지 받지 않았습니다. 한두 달도 아니고, 1, 2년도 아니고, 무려 12년 동안 한 번도 총독의 녹을 받지 않았다는 것입니다. 참 대단한 일입니다. 우리가 직장생활 하면서 직장이 어렵다고 12년 동안 월급 안 받고 일할 수 있을까요? 그럴 수 없습니다. 그런데 느헤미야는 자원하여 받지 않았습니다.

왜 느헤미야가 당연히 받아야 할 녹을 받지 않았습니까? 힘겹게 사는 백성들 때문이었습니다.

백성들의 부역이 너무나 힘든 것을 보고 새 총독 느헤미야는 견
딜 수가 없었습니다. 페르시아에서 파송한 총독이었지만, 그는 유
대인 3세였습니다. 그러니 자신의 동족이 부역으로 힘든 것을 보면
서 가슴 아파했습니다. 그래서 어떻게 하면 이 가난한 백성들을 돕
고 그들에게 희망을 줄 수 있을까 고심하다가, 총독의 생활비인 녹
을 받지 않겠다고 결단한 것입니다. 총독 정도 되면 녹을 많이 받았
을 것입니다. 그 많은 총독의 녹을 백성들을 위해서 다 바친 것입니
다. 무려 12년 동안 그렇게 한 것입니다.

그런데 전임 총독들은 어떠했습니까? 한마디로 엉망이었습니다.

무슨 말입니까? 이전 총독들과 총독의 종자들과 직속 부하들은
백성들의 양식과 포도주를 빼앗고, 돈을 많이 착복했습니다. 관직
을 이용하여 사리사욕을 챙겼습니다. 아마 이것은 세금 징수를 핑
계 삼아 엄청나게 많은 돈을 탈취했다는 뜻입니다. 이뿐 아닙니다.
백성들까지 압제했습니다.

얼마나 가슴 아픈 일입니까? 총독과 그들의 종자들과 부하들은 백성들을 잘 통치해야 합니다. 그런데 자신들의 배를 채우는 일에 급급했습니다. 사람이 사람에게 차별 받고, 압제 받는 것이 얼마나 서글프고 괴로운 일입니까? 그러니 유다 백성들이 참으로 고통스러웠을 것입니다. 백성들이 이런 이전 총독들의 통치를 계속 받고 싶지 않았을 것입니다. 그렇다면 백성들은 누구의 통치를 받으며 살고 싶었을까요? 이전 총독들과 같은 사람보다는 느헤미야 총독의 통치를 받으며 살고 싶었을 것입니다. 저 역시 '느헤미야 총독 같은 지도자 밑에서 살면 얼마나 행복할까?' 라는 생각을 감출 수 없습니다.

눈에 보이는 세상 통치자만 있는 것이 아닙니다. 우리의 심령을 다스리는 내면의 통치자도 있습니다. 우리를 다스리는 두 총독이 있습니다. 한 총독은 성령이십니다. 또 다른 총독은 육신입니다. 이 육신의 총독은 '육체', '타락한 본성', '몸의 행실', '육체의 소욕', '육체의 욕심', '땅에 있는 지체', '땅의 것' 등으로 다양하게 불립니다. 타락한 본성을 가진 자연인이 예수 믿고 나면 죄의 속박과 굴레로부터 자유를 누립니다. 사탄 마귀가 인간의 영혼을 죄 아래서 억압하여 통제하고 있지만, 예수를 주로 고백하고 믿는 순간 죄 아래 갇혀 있고, 억압된 죄인인 인간은 사탄 마귀의 권세와 억압으로부터 자유를 누리게 됩니다. 이 순간 그리스도 영, 예수의 영인 성령께서 예수를 주로 믿고 고백하는 자의 영혼에 찾아오십니다. 이후로 성령께서 내주하셔서 통치하시게 됩니다. 그래서 그리스도인은 성령의 몸, 성령이 거하시는 성전, 성도가 되는 것입니다. 새 총독이신 성령의 통치가 시작되는 것입니다.

반면에 우리 안에는 여전히 육체의 소욕이라는 옛 총독이 남아 있습니다. 죄를 짓고 싶어 하는 욕망이 영혼 한 구석에 자리를 잡고 잘 떠나려고 하지 않습니다. 그리고 패잔병처럼 기회만 생기면 괴롭힙니다. 주님 앞에 설 때까지 육신의 총독은 우리의 심령 속에서 쉽게 떠나지 않습니다. 그리고 우리 안에 부임하신 새 총독이신 성령을 거스르고, 방해합니다. 하나님의 백성인 성도가 새 총독으로 부임하신 성령의 통치를 받지 못하도록 계속 방해 공작을 합니다. 죄를 지으며 마음대로 살라고, 소욕과 충동대로 살라고 유혹하며, 집요하게 괴롭힙니다.

"육체의 소욕은 성령을 거스르고 성령은 육체를 거스르나니 이 둘이 서로 대적함으로 너희가 원하는 것을 하지 못하게 하려 함이니라"(갈 5:17).

새 총독이신 성령께서 부임하자, 우리의 영혼은 영적 전쟁터가 되어 버립니다. 성령과 육체가 싸웁니다. 서로 정복하려고, 서로 통치하려고 밀고 당기면서 싸웁니다. 가인과 아벨이 싸웁니다. 이삭과 이스마엘이 싸웁니다. 야곱과 에서가 싸웁니다. 다윗과 사울이 싸웁니다. 이렇게 치열한 영적 전투가 우리의 심령 속에서 벌어집니다. 우리의 영혼을 정복하려고 끝없이 싸웁니다. 내면에서 일어나는 이 치열한 영적 전투에서 육체의 소욕을 이기면, 성령의 인도함을 받게 됩니다.

성령의 통치를 받으면 어떻게 됩니까? 행복해집니다. 풍요롭고 부요한 삶을 살게 됩니다. 삶이 변화됩니다. 모난 성품, 못된 성품이 변화됩니다. 기쁨과 평강이 찾아옵니다. 가치관이 변화되고, 삶의 목표가 재설정되고, 감사가 넘치는 행복한 삶을 살아가게 됩니다. 새로운 피조물, 새로운 인격체, 예수님 닮은 인격체가 됩니다. 온유하고 겸손한 예수 그리스도의 성품을 닮은 인격체로 변화됩니다. 성품도 변화되고, 기질도 변화됩니다.

"오직 성령의 열매는 사랑과 희락과 화평과 오래 참음과 자비와 양선과 충성과 온유와 절제니 이 같은 것을 금지할 법이 없느니라"(갈 5:22-23).

새 총독으로 우리 안에 부임하신 성령님과 잘 사귀면 행복과 축복이 넘치는 생활을 하게 됩니다.

그런데 우리들의 또 다른 고민은 무엇입니까? 옛 총독인 육체의 소욕이 새 총독으로 찾아오신 성령의 통치를 받지 못하도록 계속 방해힌다는 것입니다. 옛 총독들인 육체의 소욕, 몸의 행실이 어떤 것들입니까?

"육체의 일은 분명하니 곧 음행과 더러운 것과 호색과 우상 숭배(탐욕)와 주술과 원수 맺는 것과 분쟁과 시기와 분냄과 당 짓는 것과 분열함과 이단과 투기와 술 취함과 방탕함과 또 그와 같은 것들이라"(갈 5:19-21).

있기만 해도 빨리 버리고 싶은 쓰레기 같은 것들입니다. 성령의 인도함을 받으며 사는 우리들에게 어울리지 않는 행실들입니다. 성도들에게 쓰레기와 같은 것들입니다. 이런 것들이 너무 좋아 냉장고에 고이 간직했다가 아침마다 드시는 분은 없을 것입니다. 이 육신의 일들이 우리 영혼 속에 찾아오면 쓰레기통에 당장 버려야 합니다. 그렇지 않으면 우리의 영혼이 썩습니다. 부패하여 타락하고 맙니다. 썩은 냄새가 푹푹 납니다. 구더기가 생기고, 파리와 쥐떼가 몰려드는 지저분한 쓰레기통과 같이 되어 버립니다.

반면에 새 총독이신 성령의 통치를 받으면 어떻게 됩니까? 느헤미야 시대 유다 백성들처럼 행복해 집니다. 왜 그렇습니까? 느헤미야 총독은 예전의 다른 총독들과 달리 백성을 진정으로 사랑하고, 백성의 아픔을 알아주고, 백성의 눈물을 닦아 주고, 백성을 위해 총독의 녹이라는 자신의 유익마저 포기했기 때문입니다. 예수의 영, 그리스도의 영이신 성령도 마찬가지입니다. 그리스도는 우리를 위해 십자가에서 죽기까지 우리를 사랑하셨습니다. 십자가 위에서 그리스도의 사랑을 보여주셨습니다. 우리가 예수를 주로 고백하고 믿을 때, 그리스도의 영이신 성령께서 우리 영혼 속에 찾아오셔서 우리와 영원토록 동행하시면서 통치하기 시작하십니다. 이렇게 성령의 통치를 받고 살면, 성도의 삶은 행복해지고, 하나님이 기뻐하시는 영의 삶을 살 수 있습니다.

"육신을 따르는 자는 육신의 일을, 영을 따르는 자는 영의 일을 생각하나니 육신의 생각은 사망이요 영의 생각은 생명과 평안이니라"(롬 8:5, 6).

신약에 나오는 교회 가운데 육신에 속하는 대표적인 교회는 고린도교회입니다. 겉으로 볼 때는 크고 부흥되고 은사도 많은 유명한 교회였습니다. 그런데 실상은 육신을 따르는 죄 된 삶, 세속에 물든 삶을 추구하며 사는 성도들이 많았습니다. 그들은 만나면 싸웠습니다. 못 잡아먹어서 안달이었습니다. 파당을 만들어 자기가 속한 파당이 최고라고 자랑했습니다. 서로 분쟁하고 서로 시기 질투했습니다. 고린도교회는 비록 성령의 은사를 많이 받았을지라도 행실은 성령과 전혀 상관없는 모습을 보였습니다.

"형제들아 내가 신령한 자들을 대함과 같이 너희에게 말할 수 없어서 육신에 속한 자 곧 그리스도 안에서 어린아이들을 대함과 같이 하노라…너희는 아직도 육신에 속한 자로다 너희 가운데 시기와 분쟁이 있으니 어찌 육신에 속하여 사람을 따라 행함이 아니리요"(고전 3:1, 3).

육신에 속한 성도들은 어떤 사람들인가요? 여전히 시기하는 성도, 분쟁하고 싸우는 성도, 거짓말을 밥 먹듯이 하는 성도, 그리스도 안에서 어린아이와 같은 자들입니다. 성숙한 사람들은 잘 다투지 않습니다. 고성도 지르지 않습니다. 육신에 속한 사람들이 싸우기를 좋아합니다. 고성을 지르고, 혈기대로 행동합니다. 이기적이고, 눈앞에 있는 것밖에 모릅니다. 자기 유익을 추구하고, 분쟁하고, 편 가르는 것을 좋아합니다. 이렇게 함으로 교회를 소란스럽게 만드는 자들입니다.

반면에 데살로니가교회는 달랐습니다. 비록 가난하고 규모는 크지 않았지만 성령의 통치를 받는 은혜로운 교회였습니다. 주변 사람들과 예수님의 칭찬을 많이 받은 교회입니다.

"너희는 많은 환난 가운데서 성령의 기쁨으로 말씀을 받아 우리와 주를 본받은 자가 되었으니 그러므로 너희가 마게도냐와 아가야에 있는 모든 믿는 자의 본이 되었느니라 주의 말씀이 너희에게로부터 마게노냐와 아가야에만 들릴 뿐 아니라 하나님을 향하는 너희 믿음의 소문이 각처에 퍼졌으므로 우리는 아무 말도 할 것이 없노라"(살전 1:6-7).

여기 "우리는 아무 말도 할 것이 없노라"는 말씀은 무슨 뜻인가요? 득도(得道)했다는 것입니다. 십자가의 도를 완전하게 깨우쳤다는 말입니다. 극찬입니다. 십자가의 도를 깨우치는 득도는 새 총독이신 성령님의 일입니다. 고린도교회 성도들 같이 〈육신에 속한 자〉가 되어야 할까요? 아니면 데살로니가교회 성도들처럼 성령의 인도함을 받는 〈영에 속한 성도〉가 되어야 할까요?

이용규 선교사는 우리에게 《내려놓음》이라는 책을 통해서 잘 알려진 분입니다. 이 분은 서울대와 동대학원을 나오고, 하버드대

학원에서 박사학위를 받았습니다. 이후 유수한 대학에서 교수직을 제안 받으며 안락한 미래가 보장되었습니다. 그런데 이 모든 것을 포기하고 저 오지 몽골에 선교사로 가서 사역을 하게 됩니다. 이 선교사는 그의 책을 통해서 다음과 같은 이야기를 합니다.

"움켜잡으려 하면 할수록 소멸되고, 가지려 하면 할수록 공허해지는 우리의 삶. 무엇으로 나의 삶을 풍성하고 행복하게 할 수 있을까? 진정한 내 것을 얻으려면 내려놓아야 한다. 아들 동연이가 두 살 때 장난감 가게에 간 일이 있다. 동연이는 자신이 좋아하는 버즈 장난감을 두 팔로 꼭 움켜쥔 채 가게를 나오려고 했다. 그러나 장난감을 가지기 위해서는 그것을 계산대에 올려놓고 점원이 바코드 판독기로 읽게 해야 했다. 그래서 점원이 동연이의 팔에서 장난감을 넘겨받으려고 했을 때, 동연이는 울며 장난감을 꼭 쥔 채 내려놓으려 하지 않았다. 장난감이 진정한 자기 것이 되게 하기 위해서는 잠시 계산대에 그것을 내려놓아야 한다는 사실을 몰랐던 것이다. 결국 동연이는 장난감을 안은 채로 계산대 위에 올라가야 했다."

하나님께서 우리에게 주시는 영적인 선물도 이와 마찬가지입니다. 우리가 내려놓기 전에는 우리 것을 얻을 수 없습니다. 영직 아기인 우리는 내려놓으면 빼앗긴다고 생각합니다. 그래서 더 움켜쥐려고 합니다. 그러나 결국 그렇게 붙잡고 있는 한 그것들은 진정한 우리 것이 되지 못합니다. 오히려 그것들이 우리를 옥죄게 만듭니다. 우리가 잡고 있는 문제는 우리가 쉽게 해결할 수 없습니다. 그렇지만 하나님께 나의 문제를 내려놓고 인생의 계획까지 내어드린다면 해결 받을 수 있습니다. 그렇게 하려면 잠시 내 것을 내려놓는 과정이 필요합니다. 혹시 예수님보다 더 사랑하는 것, 더 집착하는 것 때문에 여러분의 삶이 엉망이 되어 가고 있지는 않습니까? 새 총독이신 성령을 모시고 살면서도 아직까지 내려놓지 못한 것 있습니까? 아직까지 버리지 못한 것 있습니까? 아직까지 놓지 못하고 계속 붙들고 집착하고 있는 것이 있습니까? 다 내려놓읍시다. 다 놓아 버립시다. 우리의 새 총독이신 성령께 다 내려놓으면, 성령께서 더 좋은 것으로 인도하실 것입니다. 새 총독의 통치를 받으면 행복합니다.

저 역시 한 때는 꽉 붙잡으려고 했습니다. 사랑의교회 부목사직을 계속 붙잡으려고 했습니다. 당시 사랑의교회는 목사인 저에게 왕궁과 같은 곳이었습니다. '정말 세상에 이런 교회가 또 어디 있을까!' 라는 감탄이 나올 정도로 풍요롭고 행복한 교회였습니다. 영원히 그곳에 머물고 싶은 생각이 들 정도로 참 좋은 교회였습니다. 이 풍요롭고 좋은 교회에서 작고하신 옥한흠 목사님의 지도를 오랫동안 받으며 성도들과 행복한 부목사 생활을 보냈습니다. 그러던 어느 날 갑자기 옥 목사님께서 5년 일찍 조기 은퇴를 선언하셨습니다. 그러자 모든 교역자들이 분주해졌습니다. 각자의 진로를 놓고 고민하게 된 것입니다. 이후 새 담임목사님이 오셨습니다. 계속 있어도 아무런 상관이 없었습니다.

어느 날 새벽, 기도하는 중에 나의 총독이신 성령께서 믿음으로 떠나야 한다는 거룩한 부담감을 주셨습니다. 이후 계속 기도하면서 말씀으로 확신을 가졌습니다. 그리고 아무런 계획도 없이, 오직 성령의 인도하심과 말씀이 인도하는 대로 가리라고 믿음으로 결단하고 교회를 사임하였습니다. 깊은 곳에 그물을 던지기로 결단한 것입니다. 그 순간은 다 잃었다고 생각했습니다. 다 끝났다고 생각했습니다. 그런데 결국 상상할 수 없는 복을 받은 것입니다. 내 인생에 한 번도 생각해 보지 않았던 동도교회 담임목사라는 놀라운 복으로 나의 총독이신 성령님께서 인도하신 것입니다. 포기하고 믿음으로 떠나라는 하나님의 말씀에 순종하여 모든 것을 포기하니까 하나님께서는 상상할 수 없는 귀하고 좋은 것을 저를 위해 예비해 두셨던 것입니다. 참 믿음의 항해라는 것이 이런 점에서 스릴이 있는 것을 깨닫게 되었습니다.

오노 평지의 음모
느 6:1-9

기원전 44년 3월 15일, 로마의 종신 독재관인 율리우스 카이사르가 원로원 회의에 참석하기 위해서 폼페이우스 극장 뒤편에 있는 대회랑으로 들어갔습니다. 그는 원로원 회의 소집 시간이 평소대로 오전 10시여서 이 시각에 맞추어서 그곳에 들어간 것입니다. 전날 밤 카이사르의 아내 칼푸르니아가 악몽을 꾸고 남편에게 조심하라는 귀띔을 해 주었지만, 이에 아랑곳없이 카이사르는 편안한 마음으로 부하들을 대동하지도 않은 채, 폼페이우스 회랑으로 들어갔습니다. 회랑에 들어서자, 회의가 열리기 직전이라 의원들이 오락가락하는 어수선한 분위기 속에서, 갑자기 14명의 의원들이 모두 일제히 단검을 가지고 카이사르에게 달려들었습니다. 광란에 빠진 14명의 난도질로 카이사르는 무려 23곳에 칼을 맞았습니다. 그리고 결국 가슴에 받은 두 번째 상처가 치명적이어서 회랑 바닥에 쓰러져 깊은 한숨을 쉬고 나서 죽음을 맞이했습니다.

이 사건이 서양사에서 극적인 하루로 알려진 '아이두스 마르티에' 인데, 카이사르가 암살된 날로 알려진 3월 15일입니다. 이후 카이사르 암살에 직접 가담한 자 14명 중 다섯 사람, 그 중에 카이사르 휘하의 고급장교였던 트레보니우스, 갈바, 바실루스, 데키우스 브루투스는 '3.15' 이후 2년 내 모두 살해되었습니다. 그리고 이 음모를 주도한 카이사르가 양아들처럼 사랑한 브루투스와 당대 최대의 논객 키케로 역시 비참한 최후를 맞이해야 했습니다.

오늘 본문인 느헤미야 6:1-9은 총독 느헤미야가 적들이 쳐 놓은 음모의 덫에 걸려드는 위기에 봉착한 내용을 다루고 있습니다. 사마리아의 총독 산발랏이 느헤미야에게 오노 평지 한 장소에서 만나자고 공식적인 제안을 했습니다. 오노 평지는 사마리아와 유다의 경계에 있는 곳으로 예루살렘 북서쪽 32.4km 지점 변방에 위치한 곳입니다. 아스돗과 사마리아의 중립 지역입니다. 산발랏이 느헤미야 총독을 이곳 오노에서 무려 다섯 번이나 만나자고 제안했습니다. 네 번은 외교 공식 채널을 통해서, 나머지 한 번은 비공식 채널을 동해서 회담 요정을 했습니다. 그러나 느헤미아는 이들의 회딤 제의가 자신을 살해하려는 음모라는 사실을 알고 그의 제안을 거절했습니다.

"산발랏과 게셈이 내게 사람을 보내어 이르기를 오라 우리가 오

"실상은 나를 해하고자 함이었더라." 오노 평지 회담 제안은 허상이고, 음모이고, 껍데기였습니다. 회담의 주 목적은 느헤미야 암살이었습니다. 산발랏은 갑자기 양의 탈을 쓰고 나타났습니다. 느헤미야가 이들의 회담 제안을 계속 거절하자, 마지막에는 봉인하지 않은 공개된 편지를 보내면서 느헤미야를 페르시아 왕을 향한 역모 주모자라고 소문을 퍼뜨립니다. 느헤미야에 대한 공개된 중상모략 내용이 본문 6절과 7절에 기록되어 있습니다.

"그 글에 이르기를 이방 중에도 소문이 있고 가스무도 말하기를 너와 유다 사람들이 모반하려 하여 성벽을 건축한다 하나니 네가 그 말과 같이 왕이 되려 하는도다 또 네가 선지자를 세워 예루살렘에서 너를 들어 선전하기를 유다에 왕이 있다 하게 하였으니 지금 이 말이 왕에게 들릴지라 그런즉 너는 이제 오라 함께 의논하자 하였기로"(느 6:6-7).

아무것도 모르는 사람들이 이 글을 보면 정말 느헤미야는 역모자로 비쳐질 수밖에 없을 것입니다. 그러나 이 모든 것은 산발랏이 조작한 내용입니다. 아니 유다 백성들이 무너진 자신들의 성벽을 수축하는 것이 페르시아 왕에게 모반을 일으키기 위해서라고 주장합니다. 이게 어디 말이나 되는 것인가요? 참으로 어이없는 모함입니다. 그렇지 않습니까? 왜 성벽 수축 공사를 합니까? 평안하고 안전한 생활을 위한 자위적인 행동입니다. 남의 땅도 아니고, 자기 나라, 자기 땅에서 성벽을 짓는데 그게 무슨 모반이고, 역모입니까? 총독으로서 당연히 해야 할 선한 일을 한 것인데 말입니다.

힘깨나 쓰는 주변국의 외침을 받아 성벽은 무너지고, 성문이 불타 무너졌으니까, 유대백성들이 얼마나 불안해합니까? 또 성내에 거주하는 백성들의 불편이 이만 저만이 아닙니다. 그래서 신임 총독이 백성들의 평안과 안전을 위해서 그들과 뜻을 모아 성벽을 짓겠다는데 그게 무슨 역모입니까? 느헤미야는 페르시아 왕에게 유다 총독 신임장을 받고 떠날 때, 이미 성벽 수축 공사에 대한 허가를 다 받았습니다. 그런데 사마리아 총독 산발랏이 느헤미야와 유대 백성들이 페르시아 왕에게 모반을 일으키기 위해서 성벽을 수축하고 있다는 말도 안 되는 중상모략을 하고 있는 것입니다.

또 뭐라고 모함하는 글을 썼습니까? 느헤미야가 왕이 되려고 성벽 공사를 한다는 것입니다. 참 어이없는 말입니다. 상대할 일고의 가치가 없는 말입니다. 느헤미야가 얼마나 충성스러운 페르시아 왕의 신하입니까? 이것은 세상이 다 아는 사실입니다. 느헤미야는 페르시아 왕에게 절대 신임을 받지 않으면 오를 수 없는 전직 술 관원장 출신입니다. 그는 페르시아 왕의 절대적인 신임을 받고, 유다 총독으로 부임하여 사심 없이 백성들을 위하여 열심히 헌신적으로 총독직을 수행해 왔습니다.

느헤미야 이전에 유다를 통치한 전임 총독들은 어떠했습니까?

자신의 권한을 남용해서 백성들을 억압하고, 노동력과 돈을 착취했습니다. 그런데 느헤미야는 오히려 자신의 녹까지 포기하면서까지 백성들을 섬기고 다스렸습니다. 이런 충직한 총독 느헤미야가 페르시아 왕에게 반역을 일으켜 자신이 왕이 되기 위해서 백성들을 충동질 하여 성을 쌓고 있다면서 공갈협박을 하였습니다. 말도 안 되는 중상모략입니다. 느헤미야 입장에서는 억장이 무너지는 말입니다.

또 무슨 모함의 글을 썼습니까? 이번에는 총독 느헤미야가 선지자들을 세우고 이들을 선동하여 예루살렘에서 느헤미야가 왕이 되었다는 소문을 퍼뜨리게 했다는 말도 안 되는 소설 같은 이야기를 했습니다. 느헤미야가 얼마나 바쁜데 무슨 할 일이 없어서 선지자들을 세워서, 선동하여 느헤미야 자신이 유대의 왕이 될 것이라는 거짓 예언과 또한 자신이 왕이 되는 것은 하나님의 뜻이라는 허황된 예언을 만들고 설파하겠습니까? 그런 시간적인 여유도 없이 바쁜 사람이 총독 느헤미야입니다.

또 마지막으로 뭐라고 모함하고 있습니까? 페르시아 왕에게 느헤미야의 반역 소문이 이미 들어갔다는 것입니다. 이게 무슨 의도입니까? 이것은 협박인 동시에 회유입니다. 페르시아의 아닥사스다 왕에게까지 느헤미야의 반역 소문이 들어갔다는 것은 앞으로 왕의 본국 소환 명령이 있을 것이고, 이렇게 되면 총독직에서 파면 당할 것은 물론이고, 역모 죄로 목숨을 잃게 될 것이라는 경고와 협박의 말입니다.

참으로 엄청난 공갈 협박입니다. 이런 것을 하나만 보아도 그동안 이 산발랏이 팔레스타인지역 맹주로서 어떻게 주변 지역을 통치했는지를 잘 알 수 있습니다. 그리고 이런 위기에 처한 느헤미야를 무슨 말로 회유합니까? 살고 싶으면 이제라도 늦지 않았으니 자기 앞에 와서 무릎 꿇고 빌라는 것입니다. 이것은 오노 평지로 느헤미야를 끌어들이기 위한 미끼요, 덫입니다.

저 역시 부임한 이후로 이와 유사한 중상모략 그리고 공갈 협박을 많이 들었습니다. 소수의 몇 분 장로님들이 자신들의 편이 되어 자신들이 요구하는 것을 수용하지 않는다는 이유로 중상모략과 공갈협박을 많이 해왔습니다. 입에 담기에도 민망할 정도의 거짓과 중상모략을 서슴지 않았습니다. 나중에는 몇 분 장로들이 말도 안 되는 거짓 탄원서를 노회에 내고 이어서 고소장을 접수하여 저를 고소하기에 이르렀습니다. 여러 가지 고소 사유를 들었지만, 한 마디로 말하면 정신병자이기에 담임목사직을 면직시키려는 것이 목적이었습니다. 멀쩡한 사람을 정신병자로 몰아 면직을 시키기 위해 거짓 진단서와 소견서를 받아 내어 그것을 첨부하여 노회에 고소한 것입니다.

이후 저는 노회 조사위원들로부터 조사를 받아야 하는 수모를 감내해야 했습니다. 처음 받는 조사는 참 힘들었습니다. 그 와중에 결국 신체와 정신이 멀쩡하고 건강한 사람이 한국에서 최고로 권위 있는 대학병원에서 6시간 동안 임상심리정신검사까지 받았습니다.

그 수모와 정신적인 아픔은 이루 말할 수 없었습니다. 또 나중에는 몇 분 장로들이 저에 대한 확인이나 검증도 되지 않은 중상모략과 거짓 이야기들을 자신들이 만든 홈페이지에 다 올려 버렸습니다. 정말 사람으로서는 도저히 할 수 없는 일을 한 것입니다. 선을 넘어도 너무 넘어버린 것입니다. 범죄 행위에 해당하는 일들을 자행해 버린 것입니다.

한 교회의 담임목회자로서 참으로 가슴 아팠습니다. 그래도 주님이 지신 십자가를 생각하며, 교회를 위하여 참고 참았습니다. 내가 희생하여 교회가 새롭게 되고, 교회가 평안해질 수 있다면 어떤 수모도 참아내겠다는 목자의 심정으로 견디어냈습니다. 쉬운 일이 아니었습니다. 그러나 이것이 주님 가신 선한 목자의 길이라고 생각했습니다. 이런 온갖 중상모략을 당하면서 제가 할 수 있었던 것은 침묵하며 십자가를 붙드는 일 밖에는 없었습니다. 이런 고난 중에 너무 감격스러운 것은 온 교회 성도들이 저를 대신하여 기도해주고 대변해 주셨다는 것입니다.

모건 블레이크라는 사람이 〈애틀란트 저널〉에서 이런 글을 썼다고 합니다.

"나는 누구에게든 치명적인 타격을 가할 수 있는 힘과 기술을 가지고 있다. 나는 상대방을 죽이지 않고도 눌러 이길 수 있다. 나는 가정과 교회와 국가를 파괴한다. 나는 어떠한 건장한 사람의 건강도 파괴할 수 있다. 나는 어떠한 담대한 사람의 인생도 파괴할 수 있다. 나는 날개를 타고 바다를 여행한다. 순결한 사람도 내게는 무력하며 정의로운 사람도 내게는 무력하다. 나는 진리와 정의와 사랑을 경멸한다. 나는 나의 희생자를 전 세계에 거느리고 있다. 나는 바닷가의 모래알보다 더 많은 오해를 거느리고 있다. 나는 결코 망각하지 않는다. 나는 결코 용서하지도 않는다. 나는 누구인가? 내 이름을 중상모략이다."

자기 유익과 자기 뜻을 관철하기 위해서 거짓을 조작하고, 상대방을 중상모략 하여, 위협과 두려움 속에 빠지게 만들어서 상대방을 넘어뜨리고, 결국 자신이 의도하는 목적을 달성하려는 악한 사람들이 성경에도 등장하고, 우리 일상의 주변에도 간혹 찾아오고, 역사 속에도 자주 출현하고, 더욱이 교회 내부에서도 가끔 출몰합니다.

왜 이처럼 다급하게 산발랏이 느헤미야를 오노 평지로 불러서 살해하려고 계획했습니까? 도대체 그 이유가 무엇이었을까요?

"산발랏과 도비야와 아라비아 사람 게셈과 그 나머지 우리의 원수들이 내가 성벽을 건축하여 허물어진 틈을 남기지 아니하였다 함을 들었는데 그때는 내가 아직 성문에 문짝을 달지 못한 때였더라"(느 6:1).

"그때는 아직 성문에 문짝을 달지 못한 때였더라." 성벽수축 공사가 다 마무리 되었습니다. 이제 성문 문짝만 달면 끝이 나는 것입니다. 이 소식을 접한 산발랏이 배가 아팠습니다. 느헤미야가 잘 되는 것을 보니, 유다가 잘 되는 것을 보니 배가 아파서 견딜 수가 없었습니다. 느헤미야가 오기 전에는 산발랏 자신이 팔레스타인 지역에 맹주였는데, 왕초였는데, 두목이었는데, 대장이었는데, 느헤미야가 유다 총독으로 부임한 이후부터 자기의 영향력이 현저히 줄어든 것입니다.

예전 유대총독들은 부임하면 산발랏을 팔레스타인 지역 맹주로 인정하여 부임 인사도 하고, 청탁도 하고, 상납도 하고, 굽실거렸는데, 느헤미야는 전혀 그렇지 않았던 것입니다. 오히려 느헤미야 총독이 자신의 도움 없이도 유다를 잘 통치하고 백성들에게 사랑을 받고 있으니, 이 모습이 너무 꼴 보기 싫고, 배가 아프고, 시기 질투가 나서 견딜 수가 없었던 것입니다.

그래서 그 동안 유다 신임 총독 느헤미야를 위협하고, 모함하고, 비방하고, 중상모략도 하고, 전쟁으로 공갈협박도 했습니다. 그러나 느헤미야 총독은 눈 하나 깜짝하지 않았습니다. 오히려 더 열심히 백성들과 함께 공사를 잘 진행해 갔습니다. 급기야는 문짝만 달면 공사가 끝나는 시점에 도달한 것입니다. 이에 참다못한 산발랏은 도비야와 게셈과 더불어 오노 평지로 느헤미야를 불러내어 살해하기로 음모를 꾸민 것입니다. 이 음모의 실체가 바로 그 유명한 〈

오노 평지의 음모〉입니다. 회담을 가장한 느헤미야 암살 계획이었
던 것입니다. 그런데 어떻게 합니까? 느헤미야가 자신들이 쳐 놓은
덫에 도무지 걸려들지 않았습니다. 그러니 얼마나 분통이 터졌겠습
니까?

왜 죄 없으신 예수님을 유대지도자들이 죽이려고 음모를 꾸몄습
니까? 왜 당시 최고 권력의 산헤드린 공의회 회원들이었던 대제사
장, 서기관, 그리고 장로들이 무죄한 예수님을 잡아 죽이려고 했을
까요? 시기 때문이었습니다. 자신들에게 향하던 백성들의 눈길이
보잘것없어 보이는 나사렛 출신 예수에게 쏠리기 시작하자, 그들은
견딜 수가 없었습니다. 마치 다윗의 급부상한 인기를 사울이 견딜
수 없었던 것과 흡사합니다.

예전에는 자신들이 우두머리였는데, 이제 예수가 와서 자신들의
위치를 다 흔들어 놓은 것입니다. 예수가 자신들의 잘못을 하나하
나 지적하니까 견딜 수가 없었습니다. 그래서 계속 예수의 약점을
캐고 다녔습니다. 그러다가 성전파괴 주모자로 종교법에 고소했고,
마침내 예수의 제자 가룟 유다를 매수하여 은밀한 곳에서 예수를
체포했던 것입니다. 정적을 제거하려면 보통 음모를 꾸며서 그 사
람의 약점을 캐고, 절호의 기회가 오면 미소 뒤에 숨겨둔 사자의 발
톱을 드러냅니다. 사악한 인간사의 한 단면입니다.

성경은 여과 없이 다양한 등장인물들의 다양한 〈음모〉를 통해서
인간 내면에 뿌리박힌 사악한 죄성을 여과 없이 드러내고 있습니

다. 하나님의 마음에 합했던 다윗도 자신의 죄를 숨기기 위해 음모를 꾸몄습니다. 하나님 앞에 의인은 한 사람도 없습니다. 의인이 되려고 노력하지만 결국 인간은 자기 힘과 노력, 자기 수양과 학문으로는 절대로 의인이 될 수 없습니다. 이것이 성경이 말하는 인간의 실존입니다.

"기록된바 의인은 없나니 하나도 없으며 깨닫는 자도 없고 하나님을 찾는 자도 없고 다 치우쳐 함께 무익하게 되고 선을 행하는 자는 없나니 하나도 없도다 그들의 목구멍은 열린 무덤이요 그 혀로는 속임을 일삼으며 그 입술에는 독사의 독이 있고 그 입에는 저주와 악독이 가득하고 그 발은 피 흘리는데 빠른지라 파멸과 고생이 그 길에 있어 평강의 길을 알지 못하였고 그들의 눈앞에 하나님을 두려워함이 없느니라 함과 같으니라"(롬 3:10-18).

하나님을 두려워하지 않는 인간에게서 기대할 수 있는 것은 그렇게 많지 않습니다. 이것이 사악한 인간의 원래 모습입니다. 예수 믿기 전에 저와 여러분이 이러했습니다. 그런데 예수 믿은 후부터 우리의 삶이 조금씩 변화되었습니다. 그리고 이 정도 되었습니다. 그렇다고 우리 안에 그 사악함의 그림자가 완전히 지워졌다고는 말할 수 없습니다. 비록 믿음으로 말미암아 구원을 받아 법정적으로 의인이 되었지만, 여전히 죄성의 위협 속에 있는 것입니다. 계속적인 성화를 위해서는 말씀에 굳게 서고 성령님을 항상 의지해야 합니다.

수년 동안 몸이 아파서 교회 나오지 못하시는 어느 권사님을 심방했습니다. 그 권사님께 부르고 싶은 찬송을 물었습니다. 그랬더니 대뜸 하시는 말씀이 〈나 같은 죄인 살리신〉 찬송을 부르고 싶다고 합니다. 그래서 권사님과 함께 불렀습니다.

"나 같은 죄인 살리신 주 은혜 놀라워 잃었던 생명 찾았고 광명을 얻었네/ 큰 죄악에서 건지신 주 은혜 고마워 나 처음 믿은 그 시간 귀하고 귀하다/ 이제껏 내가 산 것도 주님의 은혜라 또 나를 장차 본향에 인도해 주시리."

찬송을 다 부르고 나니까 나이 많은 권사님께서 흐르는 눈물을 닦고 계셨습니다. 시집오기 전에는 예수님을 전혀 몰랐답니다. 시집온 후에 예수님을 알게 되었고, 권사까지 되셨답니다. 자신의 지나온 삶을 생각하니, 하나님의 은혜와 사랑이 너무 고맙고 감사해서 눈물까지 흘리신 것입니다. 은혜의 사람은 눈물이 있습니다. 눈물이 메마르지 않도록, 생수의 강물이 바닥을 치지 않도록 사랑의 십자가를 늘 붙들어야 합니다. 너무 세상을 바라보지 마십시다. 주님의 십자가를 자주 바라보시기 바랍니다.

순결하신 예수 그리스도의 보혈의 피 공로 없이는 사악한 인간의 죄가 절대 씻음 받을 수 없습니다. 다른 어떤 것으로도 용서 받을 수 없습니다. 오직 예수님께 죄 사함의 권세와 능력이 있습니다. 예수 그리스도 때문에 다행히 저와 여러분이 이 정도 착한 사람, 선한 사람이 되었습니다. 예수님도 모르고, 예수님을 믿지 않았다면, 우리도 산발랏과 도비야 그리고 게셈 같은 망나니 인생이 되었을지도 모릅니다.

세상 사람들만 무서운 게 아니라, 교인들 중에도 무서운 사람들이 있습니다. 왜요? 그들은 아직까지 십자가의 은혜를 깊이 체험하지 못했기 때문입니다. 주님 앞에 나올 때마다 우리는 십자가의 주님을 날마다 붙들어야 합니다. 산발랏과 같은 구원 받지 못할 죄인을 구원하여 주신 그 하나님의 놀라운 은혜를 날마다 찬양해야 합니다.

"형제들아 내가 그리스도 예수 우리 주 안에서 가진 바 너희에 대한 나의 자랑을 두고 단언하노니 나는 날마다 죽노라"(고전 15:31).

"나는 날마다 죽노라." 바울의 이러한 고백처럼 예수 안에서 우리는 날마다 죽어야 합니다. 나는 죽고 내 안에 역사하는 예수의 의가 살아야 합니다. 우리 안에 날마다 살아 꿈틀거리려는 산발랏을 말씀과 성령의 능력으로 죽이고, 예수의 생명이 우리 안에서 살아 역사하도록 우리의 옛 자아를 날마다 십자가에 못 박아야 합니다.

로마의 5대 황제 네로의 어머니 아그리피나는 남편인 전왕 클라우디우스 황제를 독버섯을 먹여서 독살하고, 클라우디우스의 아들마저 음모를 꾸며 살해했다고 합니다. 아그리피나는 클라우디우스 황제의 네 번째 부인이었는데, 자신이 재혼하면서 데려온 약관 17살의 아들 네로를 황제로 만들고 싶은 욕심 때문이었습니다. 그러나 자신의 욕심대로 황태후가 된 아그리피나는 네로가 보낸 자객에

게 살해됩니다. 어머니를 살해한 22살의 네로는 밤마다 망령에 시
달려 잠을 이루지 못합니다. 이후 네로는 자신의 아내 옥타비아를
유배 살해시키고, 포파이어와 결혼하여 딸을 낳습니다. 그러나 그
딸은 3개월 밖에 살지 못합니다. 이후 네로는 점점 미쳐갔습니다.
그리고 로마에 불을 질렀고, 이후 자신은 자살하고 말았습니다. 이
렇듯이 음모는 또 다른 음모를 낳습니다. 세상은 이렇습니다. 그러
나 교회는 세상과 달라야 합니다. 진실과 정직과 사랑만이 음모로
가득 찬 세상을 치유하고 살리는 법입니다.

뇌물 먹은 거짓 선지자

느 6:10-14

어느 책에서 아주 흥미로운 글을 읽었습니다. 몽고를 방문하면 〈마니퇴〉라는 것을 많이 보게 된다고 합니다. 그 나라에는 많은 라마 불교 사원이 있는데, 그 주위에는 마니퇴라고 불리는 금속으로 만들어진 통들이 세워져 있다고 합니다. 이 통 속에는 라마교 경전들이 들어 있습니다. 가령 우리가 보는 성경을 예로 든다면, 성경은 66권으로 이루어졌지 않습니까? 그러면 그 라마교 성전 주위에 66개의 마니퇴가 있는 것입니다. 첫 번째 통 속에는 창세기가 들어 있습니다. 누구든지 창세기가 들어 있는 마니퇴를 손으로 한 번 돌리면 한 번 읽은 셈이 된다는 것입니다. 그래서 라마 불교 신자들은 일단 사원을 찾으면 들어가고 나올 때 계속 사원을 돌면서 '옴마니 반메훔' 이라는 여섯 자의 진언을 중얼거리면서 이 마니퇴라는 금속으로 만들어진 통을 돌린다고 합니다. 열심 있는 사람들은 수십 바퀴 돌린 후에 '오늘, 나는 수 십 독 했다'고 자랑하면서 간다고 합니다.

그러면서 이 책의 저자는 "경전에 쓰여 있는 말씀을 알고 그 경전 말씀을 지키는 자가 진짜 신자입니다."라고 하면서 독자들에게 질문을 하나 던집니다. "그렇다면, 깡통을 돌리는 신자나 성직자가 참된 라마교 신자가 될 수 있겠습니까?"

본문인 느헤미야 6장 10-14절에는 가짜가 등장합니다. 이 가짜는 진짜를 무척 힘들게 만듭니다. 진짜는 가짜 때문에 무척 고뇌합니다. 그러나 결국 진짜가 가짜에게 속지 않습니다. 진짜는 느헤미야입니다. 가짜는 예언자 스마야, 여선지자 노아댜와 그의 추종세력들입니다. 가짜가 진짜를 속여서 위협하고, 두렵게 하고, 공포에 떨게 하고, 범죄케 만들어서 곤경에 빠뜨려서 뜻한 바를 이루지 못하도록 방해합니다.

"이후에 므헤다벨의 손자 들라야의 아들 스마야가 두문불출하기로 내가 그 집에 가니 그가 이르기를 그들이 너를 죽이러 올 터이니 우리가 하나님의 전으로 가서 외소 안에 머물고 그 문을 닫자 저들이 반드시 밤에 와서 너를 죽이리라 하기로"(느 6:10).

여기에 '스마야'라는 사람이 등장합니다. 이 사람은 므헤다벨의 손자 들라야의 아들이라고만 언급되어 있습니다. 이 스마야가 두문불출해서 느헤미야가 직접 스마야의 집에 찾아갑니다. 이것을 보면 아마 당시 영향력을 끼치는 인물이었던 것 같습니다. 성경학자들은 스마야가 제사장일 가능성이 많다고 합니다. 느헤미야 총독이 스마야의 집을 방문합니다. 그러자 스마야가 느헤미야에게 적들이 살해하려고 자객을 보내었기 때문에 속히 피하라고 하면서 다른 곳에 숨지 말고 자기와 함께 성전 외소에 숨어 있으라는 제안을 합니다. 성전 외소는 성소입니다. 성전은 지성소와 성소로 나뉘어져 있고, 그 밖에는 성전 뜰이 있습니다. 자객들이 밤에 오기 때문에 속히 이 성소에 있는 방에 몸을 숨겨야 한다고 했습니다. 느헤미야 총독이 갑자기 스마야의 말을 듣고 얼마나 놀랐겠습니까?

누군가 자신을 살해할 것이라는 소리를 듣고 놀라지 않을 사람은 없을 것입니다. 그런데 느헤미야는 놀라지 않았습니다. 눈 하나 깜짝하지 않았습니다. 그러면서 스마야에게 자신은 성전 외소 안으로 도망가지 않겠다고 합니다.

"내가 이르기를 나 같은 자가 어찌 도망하며 나 같은 몸이면 누가 외소에 들어가서 생명을 보존하겠느냐 나는 들어가지 않겠노라 하고"(느 6:11).

느헤미야 자신은 죽어도 괜찮다고 했습니다. 치사하게 생명을 보존하기 위해서 적들이 보낸 자객들이 무서워 제사 드리는 장소인 성전 안에 들어가서 숨는 비겁한 행동은 하지 않겠다는 것입니다.

적들은 느헤미야 총독에게 오노 평지에서 만나자고 다섯 번씩이나 요청했습니다. 그러나 느헤미야는 그 요청이 자신을 살해하려는 음모라는 것을 꿰뚫고 그곳에 나가지 않았습니다.

그런데 이번에는 적들이 예루살렘에 거주하는 유대인들을 매수해 버린 것입니다. 예언에 은사가 있는 제사장을 돈을 매수하고 느헤미야 총독을 속이고 유인했던 것입니다. 이 사실을 느헤미야가 정확하게 깨달았습니다. 기도의 사람이기 때문에 하나님께서 느헤미야에게 용기와 지혜를 주신 것입니다.

두문불출한 스마야 제사장도 이상하고, 그가 자신에게 느닷없이 적들이 조만간 자객을 보내 자신을 암살하러 온다고 주장하며 성전 외소로 가서 자기와 함께 숨어야 한다면서 장소까지 알려주는 것도 이상합니다. 뿐만 아니라 이 일에 있어 자기와 동행해야 한다는 엉뚱한 이야기까지 합니다. 처음에 느헤미야는 그 말이 자신을 돕는 말인 줄 알았습니다. 그런데 가만히 생각해 보니 너무 이상하고, 뭔가 앞뒤가 맞지 않고, 평소의 스마야가 하는 행동과는 다른 것을 깨달았습니다.

"깨달은즉 그는 하나님께서 보내신 바가 아니라 도비야와 산발랏에게 뇌물을 받고 내게 이런 예언을 함이라" (느 6:12).

스마야는 예언자입니다. 여호와의 말씀을 받아 유다 백성들에게 전하는 예언자입니다. 오늘날로 말하면 설교자입니다. 그런데 스마야의 예언이 하나님께 받은 예언이 아니라, 돈으로 매수된 거짓 예언이라는 사실을 느헤미야가 깨닫습니다. 그리고 이 예언은 느헤미야 자신을 죽이지 못해서 안달이 난 도비야와 산발랏에게 뇌물을 받고 한 예언이라는 것을 알게 됩니다. 느헤미야는 스마야에게 일련의 배신감을 느낍니다. 하나님의 말씀을 바로 대언해야 할 예언자가 뇌물을 받고 거짓을 예언한 것입니다.

뇌물의 힘은 이렇게 강합니다. 돈의 힘이 이렇게 셉니다. 돈은 사람들을 거짓말하게 만들어, 죽이게 만드는 힘이 있습니다. 돈은 진실과 사실을 조작하게 만드는 힘도 있습니다. 돈은 신앙 양심을 속여 거짓 예언을 하게 만드는 힘도 있습니다. 악한 대가를 바라고 돈을 주는 것이 뇌물입니다. 뇌물은 사람의 눈을 흐리게 만들고, 공의로 판단하지 못하도록 만드는 사탄의 수법이요 전략입니다. 하나님은 뇌물을 받지 않으십니다.

"너희의 하나님 여호와는 신 가운데 신이시며 주 가운데 주시요 크고 능하시며 두려우신 하나님이시라 사람을 외모로 보지 아니하시며 뇌물을 받지 아니하시고"(신 10:17).

느헤미야가 스마야의 집을 방문한 것으로 보아서 평소에 잘 아는 사이였던 것 같습니다. 부임한지 얼마 되지 않는 느헤미야 총독에게 여러 면에서 도움을 준 예언자였던 것 같습니다. 주변 총독들이 이것을 알고 스마야에게 접근하여 뇌물로 매수한 것입니다. 얼마를 주었을까요? 이 정도 일이면 엄청나게 많이 주었을 것입니다. 그리고 그 대가로 느헤미야에게 거짓 예언을 하게 만들었습니다. 적들이 스마야에게 뇌물로 매수하여 느헤미야를 살해할 것이라는 거짓 예언을 하게 한 것은 느헤미야를 두렵게 하여 공포에 빠뜨리게 만들려는 것입니다. 이렇게 함으로 범죄하게 만들고, 악한 말과 루머를 지어내어 비방하고 느헤미야로 하여금 성벽 수축 공사를 완공하지 못하도록 하는 것이 목적이었습니다.

"느헤미야 총독이 자신을 죽이러 자객이 온다고 겁을 먹고, 성전에 들어가 숨었다." 만약 이런 소문이 나면 백성들이 느헤미야를 어떻게 볼까요? 소문은 또 다른 소문을 낳습니다. 소문은 눈덩이처럼 커지는 습성이 있습니다. 소문은 진리를 왜곡시키는 습성이 있습니다. 이렇게 되면 총독 느헤미야가 일하는 것이 참으로 어려워집니다. 사람들이 주로 정적들을 제거하기 위해서 가장 흔히 쓰는 방법 중에 하나가 이렇게 거짓 소문을 퍼뜨리는 것입니다. 하나님의 말씀만을 예언하도록 부름 받은 예언자가 뇌물을 받고 거짓을 예언합니다. 그것도 한 나라의 총독에게 거짓 예언을 합니다. 이 얼마나 가슴 아픈 현실입니까? 이런 것을 보면 주전 5세기 중반 느헤미야 시대 유다와 예루살렘의 유대종교와 성직자들이 얼마나 타락했는지를 알 수 있습니다.

스마야 외에 다른 거짓 선지자도 등장합니다.

"내 하나님이여 도비야와 산발랏과 여선지 노아댜와 그 남은 선지자들 곧 나를 두렵게 하고자 한 자들의 소행을 기억하옵소서 하였노라"(느 6:14).

느헤미야 총독을 향해 거짓 예언을 한 사람은 스마야뿐 아니라 여선지 노아댜 그리고 이 선지자들을 추종하는 여러 선지자들이었습니다. 그들이 도비야와 산발랏과 결탁하여 뇌물을 받고 느헤미야의 사역을 방해한 것입니다. 느헤미야 통치 당시 유다와 예루살렘의 성직자들이 무척 돈을 밝혔던 것 같습니다. 돈만 주면 원하는 대로 예언을 해 주었던 것입니다. 물론 신실한 성직자도 있었을 것입니다. 그러나 전체적으로 당시의 성직자들이 얼마나 타락해 있었는지 본문을 통해 알 수 있습니다.

당시 유대 사회와 예루살렘의 더 큰 사회적 문제는 성벽이 불타 무너진 것보다 진실하고 정직해야 될 종교 지도자들이 타락해 있었다는 것이었습니다. 영적인 무너짐, 영적인 황폐함, 영적인 진공상태가 당시 느헤미야 시대 유다와 예루살렘 사회가 안고 있는 더 큰 문제였습니다. 종교는 시대의 정신이요, 사상입니다. 종교가 진리 위에 바로 있어야지, 그 사회는 그 힘 때문에 부패하지 않습니다. 예수님께서는 교회는 세상의 빛과 소금이라고 말씀하셨습니다.

교회는 시대의 어두움을 밝히는 등대가 되어야 합니다. 바른 길을 제시하는 이정표가 되어야 합니다. 부패하고 썩어가는 것을 방지하는 세상의 소금이 되어야 합니다. 교회가 이런 사명감을 계속 견지할 때 이 세상은 더 밝아지고, 맑아질 것입니다. 성직자는 거짓 예언하도록 부름 받은 사람들이 아닙니다. 돈과 세상을 멀리하여 진리를 말하도록 부름 받은 하나님의 사람들입니다.

이재철 목사님이 쓰신 《비전의 사람》이란 책에 보면, 종교학에서 고등종교가 타락할 때, 어떤 종교이든 상관없이 공통적으로 네 가지 현상이 나타난다고 합니다. 첫째로 고등종교가 타락하면 성직자가 급증한다고 합니다. 자기 부인도 없이 너무 쉽게 성직자가 되려고 한다는 것입니다. 두 번째 현상은 종교 기관의 급증이라고 합니다. 성직자들이 모두 먹고 살기 위해서는 종교 기관이 늘어나야만 되는 것입니다. 종교기관의 급증은 돈과 연관되어 있습니다. 고등종교가 타락하면 나타나는 세 번째 현상은 고등종교가 추구하는 신앙의 기복(祈福)화라고 합니다. 기복주의도 돈과 연관되어 있습니다. 고등종교가 타락하면 나타나는 네 번째 현상은, 그 종교의 이해집단화라고 합니다. 더 이상 진리를 위한 집단이 아니라, 그 집단 자체가 하나님의 거대한 이해집단으로 바뀐다는 것입니다. 참 일리가 있는 말입니다.

한국 교회를 여러 번 방문했던 유럽의 한 목사님이 이런 이야기를 했다고 합니다. "한국 교인은 세 가지 밖에 모르는 것 같습니다. 첫째는 하나님, 둘째는 자기 자신, 셋째는 돈입니다." 물론 잘못 보았다고 생각할 수도 있겠지만, 우리 모두가 깊이 새겨들어야 할 말입니다. 예수님 당시도 마찬가지였습니다. 예수님 당시 성직자들이 돈을 너무 좋아했습니다. 예수님은 대놓고 당대 가장 의롭고 거룩하다고 자처한 제사장들, 서기관과 율법교사들, 바리새인들을 향해서 "돈을 좋아하는 자들, 회칠한 무덤 같은 자들, 독사의 자식들, 눈 먼 인도자들, 백성들을 지옥으로 인도하는 자들"이라고 신랄하게 비난하시면서 그들에게 회개를 촉구했습니다. 어디 이들이 돈만 밝혔을까요? 당시 정치권력과 결탁하여 그 시녀 노릇까지 했습니다. 정치권력이 원하는 대로 성경을 해석하고, 예언했을 것입니다.

율법의 정신은 의와 진리와 사랑을 기반으로 한 실천입니다. 그런데 이런 율법의 정신을 버리고 돈과 권력을 자기 손아귀에 집어넣으려고 무척 몸부림쳤습니다. 그러니까 대제사장과 장로들, 그리고 서기관과 바리새인들과 같은 유대 종교지도자들은 이런 자신들의 비리와 치부를 드러내고, 자신들의 잘못을 질책한 예수를 죽이려고 음모를 꾸민 것입니다. 바른 말 하는 예수를 죽여야 자신들이 편하게 살 수 있다고 생각한 것입니다. 결국 예수님은 타락한 성직자들과 무지한 추종자들이 꾸민 음모로 인하여 십자가에서 죽으신 것입니다. 성경에 근거한 바른 말, 성경에 근거한 의로운 행동, 성경에 근거한 거룩과 사랑을 실천할 때 그리스도인에게 핍박이 있습니다.

"의를 위하여 박해를 받은 자는 복이 있나니 천국이 그들의 것임이라 나로 말미암아 너희를 욕하고 박해하고 거짓으로 너희를 거슬러 모든 악한 말을 할 때에는 너희에게 복이 있나니 기뻐하고 즐거워하라 하늘에서 너희의 상이 큼이라 너희 전에 있던 선지자들도 이같이 박해하였느니라"(마 5:10-12).

처음에는 모두가 다 이런 율법의 정신인 의를 사랑하는 심정으로, 의와 진리와 사랑을 추구하며 살겠다고 주님을 따릅니다. 그러나 시간이 흘러가면서 이런 초심은 사라지고, 자신도 모르는 사이에 세속에 물들어 타락의 길을 걷게 됩니다. 성직자들만 그럴까요? 성도들도 마찬가지입니다. 이런 거짓 예언자, 돈을 좋아하는 거짓 선지자, 정치권력을 좋아한 거짓 선지자와 예언자들이 성경에 자주 등장합니다. 특별히, 에스겔 시대 주전 6세기 중엽에는 이러한 거짓 예언자와 선지자들이 많았습니다. 특별히 거짓으로 예언하고, 백성들이 듣기 좋은 예언을 하여 돈을 번 여자 예언자들이 많아서 이것이 당시 굉장한 사회적인 문제가 되기도 했습니다.

"너 인자야 너의 백성 중 자기 마음대로 예언하는 여자들에게 경고하며 예언하여 이르기를 주 여호와의 말씀에 사람의 영혼을 사냥하려고 손목마다 부적을 꿰어 매고 키가 큰 자나 작은 자의 머리를 위하여 수건을 만드는 여자들에게 화 있을진저 너희가 어찌하여 내 백성의 영혼은 사냥하면서 자기를 위하여는 영혼을 살리려 하느냐 너희가 두어 움큼 보리와 두어 조각 떡을 위하여 나를 내 백성 가운데에서 욕되게 하여 거짓말을 곧이 듣는 내 백성에게 너희가 거짓말을 지어내어 죽지 아니할 영혼을 죽이고 살지 못할 영혼을 살리는도다 그러므로 나 주 여호와가 이같이 말하노라 너희가 새를 사냥하듯 영혼들을 사냥하는 그 부적을 내가 너희 팔에서 떼어 버리고 너희가 새처럼 사냥한 그 영혼들을 놓아 주며 또 너희 수건을 찢고 내 백성을 너희 손에서 건지고 다시는 너희 손에 사냥물이 되지 아니하게 하리니 내가 여호와인 줄을 너희가 알리라"(겔 13:17-21)

거짓을 말하는 여자 예언자들이 보리 두 움큼과 떡 두 조각을 위하여 백성들에게 거짓 예언을 해주고, 부적까지 붙여 줍니다. 여호와의 말씀대로 예언하지 않고, 백성들이 원하는 것을 알고, 백성들이 좋아하는 예언을 합니다. 신앙을 팔아 장사를 하는 것입니다. 예언 장사꾼이 되어 버린 것입니다. 그러니 얼마나 당시 이스라엘 백성과 사회가 타락하게 되었을까요? 거룩한 말씀과 진리가 사라진 기독교는 더 이상 사회에 선한 영향력을 끼칠 수 없습니다. 허영과 껍데기만 존재하는 종교로 타락하게 될 것입니다.

기독교는 말씀의 종교입니다. 기독교는 하나님의 말씀이 우리를 변화시키도록 우리 자신을 부인하고, 그리스도의 말씀이 풍성히 내 안에 거하여 그리스도의 말씀대로 실천하는 신앙이 바로 기독교 신앙입니다. 그렇기 때문에 하나님의 말씀과 동떨어진 신앙은, 더 이상 바른 기독교 신앙이 아닙니다. 그것은 미신이요, 허구요, 욕망의 추구요, 생명 없는 겉치레요, 생명 없는 종교 활동에 지나지 않습니다.

매일 성경 말씀을 대하십니까? 성경 말씀 속에서 하나님을 만나고 계십니까? 성경 말씀 속에서 그리스도의 음성을 들으려고 힘쓰십니까? 말씀이 우리의 심령을 두드리고, 열정을 불어넣고, 회개하도록 촉구하며, 진실하게 살도록 도전하고 있습니까?

만약 그렇지 않다면, 여러분과 저는 가짜가 될 가능성이 많습니다. 상업적 기독교인이 될 가능성이 많습니다. 생명 없는 한낱 종교인으로 전락될 가능성이 많습니다. 말씀과 동떨어진 신앙은 하나님이 기뻐하시는 참 신앙이 아닙니다. 말씀과 동떨어진 교회생활과 신앙생활을 한다면, 그 사람은 뇌물을 좋아하고, 권력을 사랑하고, 세상 부귀영화를 동경했던 느헤미야 당시의 거짓 선지자와 예언자인 스마야와 노아댜와 같은 생명 없는 종교인으로 전락할 가능성이 많습니다.

거룩하신 하나님의 말씀인 성경 앞에 무릎을 꿇어야 합니다. 성경 말씀을 펴고 말씀 속에 머리를 파묻어야 합니다. 말씀 앞에 엎드려야 합니다. "주여, 말씀하옵소서. 내가 듣겠나이다."라고 하면서 말씀 속에서 울려 퍼지는 예수님의 음성에 귀를 기울여야 합니다. 더욱 성령을 사모해야 합니다. 성령께서 계시의 영을 주시사, 주님의 말씀을 깨닫도록 사모해야 합니다.

성전의 가장 중심부는 '지성소'입니다. 지성소의 심장은 모세의 두 돌판이 보관되어 있는 언약궤입니다. 이 언약궤 위에서 여호와께서 대제사장을 만나 주셨습니다. 오늘, 우리의 지성소가 어디입니까? 언약궤가 있는 장소가 어디입니까? 성경을 펴고, 성경 앞에 무릎을 꿇고, 성경 속에서 하나님의 음성을 들으려고 엎드리는 그 장소가 여호와께서 임재하시는 지성소요, 성전일 것입니다. 우리 모두 말씀의 체질로 변화되어, 금송아지와 권력과 쾌락을 숭배하고 탐하는 이 어둡고 타락한 세속 사회를 밝히는 진짜 그리스도인들이 되어야 할 것입니다.

"주의 말씀은 내 발에 등이요 내 길에 빛이니이다"(시 119:105).

어느 지인이 한 번은 중국을 다녀오면서 저에게 볼펜 하나를 선물로 주셨습니다. 그러면서 하시는 말씀이 이것은 그 유명한 중국 짝퉁 볼펜이라는 것입니다. 진짜 진품 몽블랑 볼펜과 겉모습은 똑 닮았습니다. 다음날 이 짝퉁 볼펜을 들고 설교 원고를 준비하기 시작했습니다. 그런데 이게 웬일입니까? 짝퉁 볼펜의 위력이 이렇게 셀 줄 몰랐습니다. 몇 자 적어 내려가지 않아 작퉁 볼펜이 그만 부러진 것입니다. 짝퉁이 판을 치는 세상 앞에서 저를 비롯한 우리 교회 성도들은 진실된 교회와 성도로, 물질에 초연한 영적 지도자와 성도로 세워져야 합니다.

완성의 기쁨
느 6:15-19

1970년대 텔레비전 프로로 〈도망자〉라는 미국 드라마를 아주 재미있게 본 기억이 있습니다. 혹시 기억나십니까? 데이빗 젠슨이 이 프로의 주인공으로 열연을 했습니다. 당시 이 프로가 참 인기가 많았던 것 같습니다. 이 드라마는 1993년에 앤드류 데이빗 감독에 의해서 영화로 다시 만들어 집니다. 해리슨 포드와 타미리 존스 두 정상의 배우가 〈도망자〉라는 영화의 중요한 배역을 맡게 됩니다. 두 사람 모두 제가 좋아하는 배우입니다. 이 두 배우가 이 영화에서 도망자와 형사의 배역을 잘 소화해냅니다. 형사 역을 맡은 타미리 존스는 이 영화로 그 해 아카데미 조연상을 수상하게 됩니다. 개봉 이후 4주 연속 미국 오피스 박스 1위를 기록한 히트작이 되었습니다. 웅장한 스케일에 비해 내용은 아주 간단합니다.

시카고의 저명한 외과의사 리처드 킴블이라는 사람이 아내를 살해했다는 누명을 쓰고 감옥에 잡혀가다가, 도중에 범인수송차가 전복되어 도주를 하게 됩니다. 이후 도망자가 된 주인공 리처드 킴블은 자신의 아내를 죽인 범인을 찾아 나섭니다. 살해범은 외팔이에 한쪽 팔이 의수입니다. 이 두 가지 단서만을 가지고 주인공은 그 범인을 집요하게 추적합니다. 그 실제 범인을 잡아야 자신의 누명이 벗겨지기 때문입니다. 그러나 한편으로 아내의 살인범이라는 누명을 쓴 주인공 외과의사 리처드 킴블이 진짜 살해범이라고 생각하는 연방형사 샘 제라드는 리차드 킴블을 붙잡기 위해서 아주 집요하게 추적해 갑니다. 집념의 형사 샘 제라드와 도망자 의사 리처드 킴블, 이 두 사람 사이의 쫓고 쫓기는 집요한 추격전이 이 영화의 압권입니다. 자신의 누명을 벗기 위해서 실제 범인을 추적해 가는 도망자 리처드 킴블과 살인자로 지목된 자를 집요하게 추적하는 연방형사 샘 제라드의 집요함이 돋보이는 영화입니다. 우리에게도 이렇게 자신의 일에 대한 집요함과 반드시 성취하고야 말겠다는 집념이 필요합니다. 그럴 때 우리는 뜻한 바를 이룰 수 있습니다. 세상에 쉽게, 그냥 이루어지는 것은 하나도 없습니다. 심은 대로 거둡니다. 노력한 만큼 얻습니다. 이것은 성경이 일관성 있게 추구하고 있는 진리입니다.

이제 52일 만에 예루살렘 성벽 수축공사가 완성됩니다.

엘룰월은 유대력으로, 지금의 양력으로는 8, 9월에 해당되는 달입니다. 시작했으면 끝을 보아야 합니다. 시작도 중요하지만 그보다 더 중요한 것은 완성입니다.

약 2달의 공사기간은 굉장히 힘든 공사였습니다. 내부적인 시련도 있었고, 외부적인 시련도 있었습니다. 전쟁의 위협도 있었습니다. 주변국 총독들의 공갈과 협박도 있었습니다. 지도자에 대한 중상모략도 있었습니다. 살해의 위협도 있었습니다. 흉년도 있었습니다. 높은 이자와 세금 문제로 인해서 계층 간의 내부 갈등도 있었습니다. 부임한지 얼마 되지 않은 느헤미야 총독이 공사를 진두지휘하는데 힘든 일이 한두 가지가 아니었습니다.

그러나 느헤미야는 코너에 몰리는 순간마다 움츠러들지 않았습니다. 하나님을 붙잡았습니다. 하나님께 매달렸습니다. 하나님께 도움을 구했습니다. 그리고 치밀하게 계획을 세우고 그 계획대로 실행에 옮겼습니다. 수위가 점점 높아져가는 주변 적들과 내부 음모자와 스파이들의 방해 공작에도 불구하고 마침내 성벽 수축공사를 완성하는 기쁨을 누리게 됩니다. 본문은 완성을 향해 달려간 총독 느헤미야의 집요함이 멋지게 드러난 장면입니다.

집요함은 완성을 향한 굳은 의지와 끈덕짐입니다. 느헤미야가 화려하고 안전한 페르시아 수산 궁의 생활을 청산하고 유다 예루살렘 총독으로 부임한 목적은 불타 무너진 예루살렘 성벽의 수축 때문이었습니다. 52일이라는 공사 기간 동안 숱한 어려움과 난관이 있었습니다. 그러나 느헤미야는 굴복하지 않았습니다. 난관에 부딪칠 때마다 느헤미야는 더 적극적으로, 더 집요하게 공사에 몰두했습니다. 그리고 적들의 방해가 심할 때마다 느헤미야는 자신을 페르시아에서 예루살렘으로 인도하신 전능자 여호와께 "내 손을 힘 있게 하옵소서. 적들을 하나님께 맡깁니다."라는 하나님의 섭리와 주권을 고백하며 하나님을 더욱 끈질기게 붙잡았습니다.

믿음의 사람은 이런 완성을 향한 집요함이 있어야 합니다. 무언가 하나를 시작했으면 완성해야겠다는 굳은 결심, 끈덕짐이 있어야 합니다. 굳은 결심이 집요함이요, 끈덕짐이 집요함입니다. 믿음의 사람은 느헤미야처럼 끈질겨야 합니다. 쉽게 포기해서는 안 됩니다. 한 번 결심하고, 한 번 마음을 먹었다면 어떤 어려움과 시련이 오더라도, 어떤 낙관에 봉착하더라도 극복해야 합니다. 그래야 완성의 기쁨을 누릴 수 있습니다. 완성의 기쁨, 성취의 기쁨은 세상 어떤 기쁨보다 더 감격스러운 것입니다. 선한 일과 계획을 위해서 이렇게 해야 한다는 말입니다. 그러나 악한 계획은 속히 집요함을 버려야 합니다.

예수님도 집요하셨습니다. 구원의 완성을 위해서 십자가의 그 참혹한 고통을 참으셨습니다. 그리고 마침내 "다 이루었다"라고 외치셨습니다. "다 이루었다, It is finished." 이 외마디 말씀하신 후에 십자가에서 돌아가셨습니다. "예수께서 신 포도주를 받으신 후에 다 이루었다 하시고 머리를 숙이니 영혼이 떠나가시니라"(요 19:30). 그리고 삼 일 후에 죽음과 사망의 권세를 정복하시고, 부활하셔서 마침내 구원의 완성을 이루셨습니다.

그러나 유대인들은 예수님이 구원의 완성을 이루지 못하도록 예수님을 조롱하고, 비난하고, 모함하고, 채찍으로 치고, 머리와 뺨을 때렸습니다. 어디 이뿐입니까? 얼굴에 침을 뱉고, 눈을 감기고, 머리를 때렸습니다. 그리고 누가 자신을 때렸는지 맞춰보라고 조롱까지 하였습니다. 머리에 가시관을 씌우고 푹 눌렀습니다. 그리고 골고다 언덕 위에서 마침내 예수님을 발가벗긴 채, 십자가에 눕히고 손과 발에 대못을 박았습니다. 그리고 십자가에서 매달려 고통하고 있는 예수를 향해, 이제는 내려와서 너의 능력을 보이라고 조롱하고, 비난했습니다.

이런 말할 수 없는 참혹한 고통 중에도 예수님은 구원의 완성을 위해 십자가에서 고통을 묵묵히 참으신 것입니다. 구원의 완성을 위한 예수님의 집요함이, 예수님의 끈덕짐이, 예수님의 참으심이, 예수님의 인내가 구원의 완성을 이루신 것입니다. 이 구원의 완성으로 인해서 저와 여러분이 구원받는 복을 누리게 된 것입니다.

십자가에서 구현된 구원의 완성을 바라보며 감격한 사도 바울은 20년 동안 유럽에 십자가와 부활을 전하고, 교회를 세워야겠다는 결단을 하게 됩니다. 그리고 그 선한 뜻을 이루기 위해서 숱한 고난과 핍박과 방해를 받으면서도 집요하게 전도하며 교회를 세워나갔습니다. 그리고 훗날 사도 바울은 다음과 같은 고백을 하였습니다. "푯대를 향하여 그리스도 예수 안에서 하나님이 위에서 부르신 부름의 상을 위하여 달려가노라"(빌 3:14). 하나님께서 창조하신 최고의 걸작품인 십자가와 부활의 도를 유럽 곳곳에 전하기 위해 사도 바울은 목숨을 걸고, 생명을 바쳤던 것입니다.

완성의 후예인 예수 믿는 우리도 한 번 결심하고 시작한 일에 대해서는 이런 집요함을 가져야 합니다. 한 번 결심하고 시작한 일은 쉽게 포기하지 말아야 합니다. 끈질겨야 합니다. 한 방 맞는다고 해서 주저앉으면 안 됩니다. 오뚝이처럼 다시 일어서야 합니다. 또 한 방 때리면 정신을 차리고 또 일어나야 합니다. 맷집을 길러야 합니다. 뜻한 바를 이루기 위해 끈덕짐이 있어야 합니다. 시작한 일은 반드시 완성해야겠다는 이런 느헤미야의 집요함이 우리에게 있어야 합니다.

몇 년 전에 미국에서 살 때 자녀들에게 농구대를 하나 선물하고 싶었습니다. 미국 가정집에는 농구대가 거의 하나씩 다 세워져 있습니다. 저는 그냥 돈만 주면 한국처럼 농구대를 배달해 주는 줄 알았습니다. 그런데 만들어진 농구대는 가격이 굉장히 비쌌고, 배달료도 만만치 않았습니다. 고민하다가 농구대를 사서 조립하기로 하고, 농구대를 구입해서 차에 싣고 집으로 가지고 왔습니다. 난생 처음 하는 농구대 조립은 제 생각처럼 쉽지 않았습니다. 무겁고, 큽니다. 조립해야 할 농구대 부품들을 다 풀고 보니 눈앞이 캄캄했습니다. 그래도 어떻게 해서든지 자녀들에게 농구대를 선물하고 싶었습니다. 그래서 이웃집에 있던 후배 목사님 한 분을 불러서 함께 힘을 모아 평생 처음 농구대를 조립하게 되었습니다. 해 질 무렵에 시작된 농구대 조립은 깊은 밤까지 계속 되었습니다. 중간에 잘못 조립하여 처음부터 다시 시작하기도 하면서 조립에 몰두했습니다. 그리고 몇 시간이 지난 후에 드디어 농구대가 완성되었습니다. 집 앞마당에 농구대를 세우고 고정시켰습니다. 자녀들이 나와 보더니 굉장히 좋아했습니다.

그런데 아이들보다 제가 더 기뻤습니다. 왜 그렇습니까? 완성의 감격 때문이었습니다. '내가 해냈구나, 완성했구나.' 라는 뿌듯함 때문에 찾아오는 기쁨이었습니다. 그 전까지만 해도 머리가 나쁜 줄 알았는데, 머리가 나쁘지 않다는 것을 깨달으니 더 기뻤습니다. 조그마한 일이지만 농구대 조립의 완성은 기쁘고 감격스러운 일이었습니다. 지금도 그 때를 생각하면 가슴이 벅 차 오릅니다. 이처럼 완성은 우리에게 큰 기쁨과 감격을 줍니다. 그러나 완성의 과정은 어렵고 힘듭니다.

"울며 씨를 뿌리러 나가는 자는 정녕 기쁨으로 그 단을 가지고 돌아오리로다"(시 126:6).

참으로 이 말씀을 진리입니다. 눈물로 씨를 뿌리는 노력이 없이는 절대 수확의 기쁨을 누리지 못합니다.

은퇴 후 10년 만에 링으로 복귀하여 45세에 또 다시 세계 헤비급 챔피언이 된 조지 포먼은 "인생의 링에서 얻어맞고 쓰러지더라도 다시 당당하게 일어서라."고 했습니다. 세계 최고의 명품 바이올린인 〈스트라디바리우스〉는 '안토니오 스트라디바리'가 만들었습니다. 이 악기는 제작자 스트라디바디가 최고의 음색을 내는 바이올린을 완성하기 위해 무려 10년 동안 숱한 실험과 시행착오를 거쳐서 만들어낸 악기입니다. 한국인으로 세계 최고의 발레리나로 우뚝 선 강수진은 세계 최고의 발레를 완성하기 위해 하루에 무려 15시간에서 19시간을 발레 연습에만 몰두한다고 합니다. 그러면서 그녀가 하는 말이 "더 못 한다고, 이 정도면 됐다고 생각할 때, 그 사람의 예술 인생은 거기서 끝나는 것"이라는 명언을 남겼습니다.

세상의 모든 것이 쉽게 손에 붙잡히지 않습니다. 참고, 땀 흘리고, 애쓰고, 노력하고 또한 자신과 끝없는 투쟁에서 승리해야 붙잡을 수 있습니다. 지금 꿈꾸고 있는 완성이 어떤 것입니까? 결혼의 완성입니까? 사업의 완성입니까? 자녀 양육의 완성입니까? 진로와 구직의 완성입니까? 관계의 완성입니까? 완성의 믿음을 가져야 합니다. 십자가에서 고통을 참으사 구원의 완성을 이루신 예수님을 묵상하면 모든 것이 가능합니다. 느헤미야처럼 완성의 기쁨을 위해 고난과 시련을 믿음으로 극복하고, 집요함과 끈덕짐으로 달려가는 모습이 정말 주님이 기뻐하시는 모습일 것입니다. 우리 모두는 그렇게 살도록 힘써야 할 것입니다.

껍데기냐, 알맹이냐?

느 7:1-4

52일 만에 예루살렘 성벽 수축공사가 완공되었습니다. 그런데 이상한 것은 준공식을 바로 거행하지 않는다는 것입니다. 얼마나 힘든 공사였습니까? 성대하게 준공식을 할 만한데 하지 않습니다. 대신에 느헤미야 총독은 하나니와 하나냐를 예루살렘 성 책임자로 세우고 다스리게 합니다.

"내 아우 하나니와 영문의 관원 하나냐가 함께 예루살렘을 다스리게 하였는데 하나냐는 충성스러운 사람이요 하나님을 경외함이 무리 중에서 뛰어난 자라"(느 7:2).

상황이 뭔가 급박하게 돌아가는 것 같이 보입니다. 성벽 수축공사가 완공되자 제일 먼저 충성스럽고 하나님을 경외하는 믿음직스러운 자기의 동생 하나니와 영문의 관원인 하나냐를 예루살렘 성 책임자로 세우고 파수꾼을 세워 철저하게 성문을 지키도록 명령을 내립니다. 예루살렘 성은 11개의 크고 작은 성문이 있었습니다.

이것은 비록 성벽공사가 완성되기는 했지만 적들의 공세가 여전히 남아 있다는 것을 의미합니다. 느헤미야는 성벽공사 완성 후에도 방심하지 않았습니다. 외줄타기 같은 위험하고 아슬아슬한 성벽공사를 완성했지만, 적장인 사마리아 총독 산발랏과 그의 하수인인 도비야가 여전히 예루살렘 성 내에 거주하는 유대인들과 정략적 결혼을 통해 친인척 관계와 동맹을 맺고 자신들의 영향력을 계속 확대해 나가고 있었기 때문입니다.

“도비야는 아라의 아들 스가냐의 사위가 되었고 도비야의 아들 여호하난도 베레갸의 아들 므술람의 딸을 아내로 맞이하였으므로 유다에서 그와 동맹한 자가 많음이라 그들이 도비야의 선행을 내 앞에 말하고 또 내 말도 그에게 전하매 도비야가 내게 편지하여 나를 두렵게 하고자 하였느니라” (느 6:18-19).

적장들 중의 한 사람인 도비야는 유다의 귀족인 스가냐의 사위가 되었고, 도비야의 아들 여호하난은 유다 귀족인 므술람의 사위가 되었습니다. 이런 정략적 결혼으로 인한 동맹 관계는 결국 예루살렘 성벽 수축공사를 처음부터 힘들게 만들었습니다. 모든 정보들이 이들 친인척을 통해서 주변국 총독들에게 들어간 것입니다. 이 사실을 나중에 알게 된 느헤미야는 성벽공사가 완공되었음에도 불구하고 언제 적들이 또 다시 성내 유대인들과 내통하여서 예루살렘 성을 혼란에 빠뜨리고, 또한 자신을 언제든지 곤경에 처하게 만들 수 있다고 생각했기 때문에 적들에 대한 경계심을 늦추지 않았던 것입니다.

느헤미야는 페르시아 왕으로부터 임명과 후원을 받고 유다와 예루살렘 총독으로 부임했지만, 부임 2달 밖에 되지 않은 상황에서 민심을 장악하고, 주변 적들과 내통하는 유대인들을 차단하는 데는 어려움이 많았습니다. 외부적으로는 성벽 수축이 완공되어 더 이상 문제가 없는 것처럼 비추어졌지만, 사실 성 내부에는 여전히 언제 무슨 일이 터질지 모를 혼란의 불씨가 남아 있었습니다.

느헤미야가 직면한 또 다른 문제는 공동화 현상이었습니다. 성벽 수축 공사가 완공되었지만, 적들의 외침으로 성벽이 무너지고, 성문이 불타 사라졌기 때문에 성은 더 이상 안전한 곳이 되지 못했습니다. 그래서 성 주민들은 성 밖으로 이주해 버렸습니다. 예루살렘 성은 광대하였지만 주민은 적고, 가옥도 미처 건축되지 못하였습니다.

"그 성읍은 광대하고 그 주민은 적으며 가옥은 미처 건축하지 못하였음이니라"(느 7:4).

이것 때문에 외곽으로 이주한 유대인들을 성 내부로 이주시켜야 하는 과제를 총독 느헤미야가 안게 되었습니다. 무엇보다 주민들을 성내로 이주하기 위해서 새로운 가옥도 지어야 했고, 불타 무너지고, 황폐화된 옛 가옥들을 새롭게 정비하고 세워야 하는 과제도 남아 있었습니다.

성벽 완공의 기쁨은 잠깐이요, 해결해야 할 또 다른 산적한 문제가 총독 느헤미야를 기다리고 있었습니다. 무슨 문제든지 하나 해결되면, 또 다른 문제가 기다리고 있습니다. 인생은 문제의 연속입니다. 끝없이 밀려오는 파도처럼, 문제라는 파도가 쉴 틈 없이 밀려옵니다. 좀 괜찮은가 싶으면 뜻하지 않은 문제가 일어납니다. 언제 어디서 무슨 일이 일어날지 종잡을 수 없는 불안정한 삶이 인생살이입니다. 그러니까 그냥 하루하루 감사하면서 살면 그 인생이 가장 지혜로운 삶입니다.

"내일 일은 난 몰라요 하루하루 살아요/ 불행이나 요행함도 내 뜻대로 못해요/ 험한 이 길 가고 가도 끝은 없고 곤해요/ 주님 예수 팔 내미사 내 손 잡아주소서."

예수님이 우리를 붙잡아 주지 아니하시면 살 수 없는 것이 우리 인생입니다.

"형통한 날에는 기뻐하고 곤고한 날에는 되돌아 보아라 이 두 가지를 하나님이 병행하게 하사 사람이 그의 장래 일을 능히 헤아려 알지 못하게 하셨느니라"(전 7:14).

인생이 잘 풀린다고, 순풍에 돛 단 듯 인생이란 돛단배가 잘 나간다고 절대로 방심하면 안 됩니다. 언제 문제가 발생하고, 뜻하지 않는 일들이 터집니까? 잘 나갈 때, 나도 모르게 교만하여져서 방심할 때 생기는 것입니다. 총독 느헤미야는 공사만 잘한 사람이 아니라, 참으로 인생을 바로 항해할 줄 안 지혜로운 신앙인입니다. 성의 성벽 수축공사가 완공되었어도 절대로 방심하지 않았습니다. 오히려 파수꾼들을 철저하게 세우고, 언제 적들이 쳐들어올지 모르기 때문에 성문을 철저하게 지키도록 했습니다.

신앙생활도 마찬가지입니다. 예수님은 우리 인생의 피난처입니다. 우리의 산성이시요, 우리의 도성입니다. 그러나 우리는 예수 그리스도 안에 있다는 것 자체로만 안심해서는 안 됩니다. 사탄 마귀가 항상 예수 믿는 우리를 넘어뜨리려고 호시탐탐 노려보고 있기 때문입니다. 성문 열린 데가 없는지, 조는 파수꾼이 없는지, 매수하기 쉬운 파수꾼은 없는지, 살피면서 사탄 마귀가 호시탐탐 기회를 엿보고 있습니다. 교회를 무너뜨리려고, 성도의 가정을 넘어뜨리려고, 교회의 지도자들을 박살내려고 우는 사자와 같이 노리고 있습니다. 이런 점에서 성도들은 항상 영적 경각심을 가지고 있어야 합니다. 영적 경각심을 가지고 말씀과 기도로 영적 전투력을 기르고, 전투태세를 강화해야지 마귀 사탄이 쉽게 공격해오지 못합니다. 매일 하나님의 전신갑주로 무장하고 있어야 합니다. 영적으로 방심하고 해이해지는 순간, 사탄 마귀는 순식간에 우리의 약점을 타고 침입해서 우리의 영혼을 정복하여 영혼을 파괴시키고, 무력화시킵니다.

천하의 삼손이 들릴라의 무릎 위에 누워 자신만만하게 유혹과 흥정하며 자신을 믿고 대처해 나갔지만, 적들에 대한 경계심을 푸는 순간, 적에게 잡혀서 머리카락을 완전히 깎이고, 두 눈이 뽑히는 수모와 수치를 당하게 됩니다. 난공불락의 여리고 성 전투의 승리로 이스라엘 군대가 승리에 도취되어 경각심을 푸는 순간, 작은 아이 성 전투에서 패배를 맛보아야 했습니다. 베드로가 영적 경계심을 푸는 순간, 스승인 예수님을 세 번씩이나 부인하는 어처구니없는 실수를 저질렀습니다. 하나님의 마음에 합한 사람 다윗이 경계심을 푸는 순간, 밧세바를 자신의 침실로 데리고 들어오는 돌이킬 수 없는 실수를 범하고 말았습니다. 의인 노아가 홍수 이후에 포도농사가 잘 되어 그만 영적 경계심을 푸는 순간, 포도주에 만취하여 발가벗고 드러눕는 추대를 보이고 말았습니다. 이 일로 자녀들 중에 한 사람이 저주를 받는 어처구니없는 일이 벌어지고 말았습니다. 자녀들이 탈선하는 데 있어서 부모들이 원인 제공자가 되는 경우가 종종 있습니다. 고린도교회가 영적 경계심을 푸는 순간, 우상숭배와 쾌락주의, 성적 타락이라는 세속의 물결이 제방을 넘어 교회 안으로 흘러 들어오고 말았습니다.

"그런즉 선 줄로 생각하는 자는 넘어질까 조심하라"(고전 10:12).

느헤미야 총독은 선 자리에서 항상 넘어질까 조심하고, 영적 경각심을 풀지 않고 하나님께서 맡겨 준 사역을 올바로 감당한 신실한 하나님의 사람이었습니다.

이런 느헤미야가 성벽공사 완공 후에 또 다른 문제에 직면하게 되었습니다. 성읍은 큰데 성내에 거주자들이 현격히 줄어들었다는 것입니다. 성벽 수축공사가 완성된 예루살렘 성읍은 웅장하고 멋집니다. 예루살렘 성읍은 해발 약 700미터 위에 세워져 있습니다. 아래에서 보면 굉장히 장엄하고 웅장하고 위엄이 있습니다. 이런 예루살렘의 웅장함과 위엄에도 불구하고 성 내부는 공황상태였습니다. 무엇보다 거주민이 작다는 것은 심각한 문제였습니다. 가옥은 잦은 외침으로 인해 무너지고, 폐허 된 곳이 많았습니다. 성내 많은 거주민들이 성 밖 안전한 곳으로 이주해 버렸던 것입니다. 성벽 수축공사가 완공하여 겉은 화려하고 웅장하였으나, 속은 텅 빈 강정 같았습니다.

성 안이 황폐화되어 있다는 사실을 느헤미야 총독도 잘 알고 있었습니다. 그래서 느헤미야는 성벽 완성 후에도 준공식을 거행할 수 없었던 것입니다. 이제 성읍 내부의 무너진 가옥을 재정비하고, 새 가옥들을 짓고, 주민들을 성 안으로 이주시키는 과제를 풀어나가야 했습니다. 예루살렘 성벽은 백성들의 안전과 평화로운 삶을 위해 존재하는 것입니다. 52일간 숱한 방해에도 불구하고 성벽을 완성시킨 것은 예루살렘 성읍 자체를 위한 공사가 아니었습니다. 백성들을 위한 공사였습니다. 백성들의 안정과 평안을 위한 공사였습니다.

그런데 이곳에 거주할 백성들이 많지 않다는 것이 느헤미야의 또 다른 고민이었습니다. 사람을 위한 공사였는데, 사람이 없습니다.

이제 느헤미야에게 당면한 과제는 백성들의 마음을 움직여서 성 안으로 이주시키는 일이었습니다. 아파트는 멋지게 지었는데 입주자가 없다면 얼마나 가슴 아픈 일입니까? 교회 건물과 부대시설, 프로그램, 역사도 대단한데, 정작 성도가 별로 없고, 새 신자가 찾아오지 않는다면, 대단히 슬픈 일입니다. 외관도 중요하지만 이보다 더 중요한 것은 내용물입니다. 겉모양이 아무리 화려하고 멋져도 알맹이가 별 볼 품 없으면 별로 의미가 없습니다. 어떤 집이냐는 것도 중요하지만, 그것보다 중요한 것은 집 안에 사는 사람들입니다. 자동차의 외관도 중요하지만, 그보다 중요한 것은 자동차를 타고 있는 사람입니다. 음식의 모양이나 외관도 중요하지만, 그보다 중요한 것은 그 음식의 맛이요, 영양입니다.

세상은 눈에 보이는 겉모습에 신경을 많이 쓰고, 외모와 외관에 공을 들입니다. 그래서 겉모습을 자주 바꿉니다. 신제품이라고 하여 외장을 자주 바꿉니다. 내용은 별로 변한 게 없는데 책 표지는 보기 좋게 자주 바꿉니다. 껍데기를 자주 바꿉니다. 그래야 잘 팔립니다. 일종의 눈속임입니다. 어떻게 할 수 없습니다. 사람들은 껍데기, 겉모습, 외관, 외모에 관심을 가지기 때문에 그렇습니다. 이런 겉모양도 중요하지만, 이보다 더 중요한 것은 속이요, 알맹이입니다. 세상은 이런 껍데기에 요란스럽게 신경을 쓰더라도, 교회까지 덩달아 그럴 필요는 없습니다. 빈 깡통일수록 소리가 요란한 법입니다. 소리만 요란하고, 겉모양만 화려한 신앙인이 되어서는 안 됩니다.

경건의 모양은 다 갖추었으나 경건의 능력이 없는 신앙인이 되어서야 되겠습니까? 바람만 조금 불어도 쉽게 날아가고, 흔들리는 쭉정이 같은 껍데기로 충만한 성도가 되어서야 되겠습니까? 우리의 영혼은 예수의 생명으로, 예수의 말씀으로 꽉 채워진 알곡 신앙인이 되어야 합니다. 알맹이로 가득 채워진 알밤 같은 알찬 신앙인이 된다면 얼마나 좋겠습니까? 반석 위에 든든히 세워진 집과 같은 중심이 반듯한 신앙인이 되어야 하지 않겠습니까? 우리의 영혼이 말씀과 성령으로 충만한 신앙인이 되어야 하지 않겠습니까? 무엇보다 우리의 영혼이 말씀으로 가득 채워질 때 우리의 겉모습도 더욱 돋보일 것입니다.

언젠가 교회 주변 청량리 사거리를 걷는데 길가에서 밤을 파는 아주머니가 계셨습니다. 알밤이 먹음직스러웠습니다. 한 봉지에 3천원이랍니다. 아주머니에게 맛있는지 물었습니다. 아주머니는 삶아 먹으면 정말 맛있다고 강조하면서 맛에 대해서는 걱정하지 말라고 했습니다. 그래서 그 밤을 약간 사서 집에 와 삶아 먹었습니다. 온 가족이 정말 맛있게 먹었습니다. 며칠 지난 후 월요일에 주변 시장 구경도 할 겸 점심도 시장에서 먹어볼 겸 겸사겸사 시장에 나갔습니다. 그리고 점심을 먹고 오는 길에 며칠 전에 맛있게 먹은 밤이 생각나서 시장에서 밤 가게에 들렀습니다. 큰 가게였습니다. 이 큰 가게에 있는 밤은 더 맛있겠다고 생각해서 밤을 많이 샀습니다. 겉모양이 반질반질 했습니다. 집에 가져와서 잔뜩 기대하고 밤을 다

삶았습니다. 그런데 맛이 형편없었습니다. 이뿐이 아닙니다. 먹는 것마다 속이 퍼석하고 딱딱하고, 먹을 만한 것은 썩어서 먹지 못했습니다. 그래서 반쯤 먹다가 다 버리고 말았습니다. 그러니까 아이들과 아내가 지난번에 길가에서 사온 그 밤을 사오라고 합디다. 밤 하나 먹어도 알이 꽉 차고, 맛있는 것을 먹어야 기분이 좋습니다. 겉은 번지르르한데 속은 썩고, 딱딱하고 굳은 그런 밤 왜 먹습니까? 버려야 합니다. 겉모양이나 껍데기도 중요하고, 겉포장도 중요합니다. 그러나 더 중요한 것은 속입니다. 알맹이입니다. 내용물입니다.

교회도 마찬가지입니다. 교회의 외관도 중요하고, 전통도 중요하고, 역사도 중요합니다. 화려한 신앙경력도 중요합니다. 그러나 그것보다 더 중요한 것은 그것에 걸맞은 속이요, 알맹이요, 내부요, 내용물이요, 경건의 능력입니다. 우리의 성 내부인 영혼이 먼저 그리스도의 말씀으로 채워져야 합니다. 항아리에 물이 가득 채워진 후에 맛있는 포도주로 변화되는 것입니다. 우리의 성 내부인 심령의 항아리에 말씀의 물로 채워져야, 예수님을 닮은 맛있는 포도주 인생으로 변화되는 것입니다.

"그리스도의 말씀이 너희 속에 풍성히 거하여 모든 지혜로 피차 가르치며 권면하고 시와 찬송과 신령한 노래를 부르며 감사하는 마음으로 하나님을 찬양하고 또 무엇을 하든지 말에나 일에나 다 주 예수의 이름으로 하고 그를 힘입어 하나님 아버지께 감사하라"(골 3:16-17).

이 땅 위의 모든 교회가 말씀의 알곡으로 가득 찬 견고한 예수의 성벽이 되어야 합니다. 사람은 외모를 보고 판단합니다. 그러나 하나님은 중심을 보십니다. 성 내부를 보시고, 성 내부에 관심이 더 많으십니다. 사울 왕은 껍데기에만 관심을 가지다가 실패한 신앙인이 되었습니다. 반면에 다윗은 알맹이, 속사람, 성 내부에 신경을 써서 성공하는 신앙인이 되었습니다. 보이지 않는 우리 속사람을, 성 내부를 말씀으로 가득 채워야 합니다. 그래야 심령 내부에 날마다 변화가 일어납니다. 눈에 띄게 공사 진척이 일어납니다. 변화를 뛰어 넘어, 영적 혁명이 우리의 영혼인, 성 내부에서 일어나야 합니다.

언제 이런 영적 변화와 혁명이 일어납니까? 세월이 흐른다고 저절로 일어나지 않습니다. 신앙의 경력을 부지런히 쌓는다고 일어나지 않습니다. 교회만 부지런히 출석한다고 일어나지 않습니다. 그리스도의 말씀으로 가득 채워질 때 일어납니다. 항아리까지 물을 계속 채워야 합니다. 이렇게 될 때, 성내에서 잔치가 벌어집니다. 잔치소리가 끊이질 않습니다. 감사와 찬양과 기쁨의 소리가 흘러넘칩니다. 우리는 소리만 요란하고, 겉모양만 휘황찬란한 쭉정이, 외모만 번지르르한 껍데기가 아니라 영생의 말씀인 그리스도의 말씀으로 꽉 찬 알곡 신앙인이 되어야 합니다. 그렇기 때문에 성도는 항상 말씀을 가까이 해야 합니다.

괴로운 날에도 나팔을 불자

느 8:1-12

느헤미야 총독과 백성들의 노력으로 불타 무너진 예루살렘 성벽이 다시 수축되고, 성 내부에 무너진 가옥이 건축되었습니다. 그러자 성을 떠났던 백성들이 다시 성안으로 돌아오게 되었습니다. 이제 예루살렘 성읍은 활기를 되찾았습니다. 그리고 해가 바뀌어서 첫 달을 맞이합니다.

"이스라엘 자손이 자기들의 성읍에 거주하였더니 일곱째 달에 이르러 모든 백성이 일제히 수문 앞 광장에 모여 학사 에스라에게 여호와께서 이스라엘에게 명령하신 모세의 율법책을 가져오기를 청하매 일곱째 달 초하루에 제사장 에스라가 율법책을 가지고 회중 앞 곧 남자나 여자나 알아들을 만한 모든 사람 앞에 이르러"(느 8:1-2).

여기서 말하는 일곱째 달은 유대인의 민간력인 티스리 월로 현재 9월에서 10월에 해당하는 달입니다. 우리나라 설날처럼 유대인들이 새해 첫 달로 지키는 달이 일곱째 달인 티스리 월입니다. 이 일곱째 달은 유대인들에게 한 해의 출발이 되는 첫째 달입니다. 이 일곱 번째 달에는 의미 있고, 중요한 날이 많습니다. 초하루 1일은 나팔절, 10일은 속죄일, 15일은 초막절입니다.

성벽 수축공사를 완공한 느헤미야는 인구 재배치 정책을 통해서 흩어진 백성들을 예루살렘 성으로 이주시켜 예루살렘 성읍이 예전의 활기를 되찾도록 만들었습니다. 그럼에도 불구하고 느헤미야는 여전히 예루살렘 성벽 준공식을 하지 않았습니다. 그러던 일곱째 달인 티스리 월 초하루에 온 백성들이 수문 앞 광장에 모여서 학사 겸 제사장인 에스라에게 율법책을 낭독해 달라고 요청을 합니다. 그러자 에스라는 수문 앞 광장 앞에 모인 백성들에게 나무 강단에서서 백성들에게 율법을 낭독하고, 그 율법의 말씀을 해석해 줍니다. 이에 백성들이 감동을 받고, 울기 시작합니다. 율법의 말씀을 듣고 자신들의 잘못을 깨달아서 우는지, 아니면 하나님의 말씀을 듣고 너무 감격해서 우는지, 아니면 예전에 미처 깨닫지 못한 하나님의 은혜를 깨닫고 감격하여 우는지, 너무 오랜만에 율법의 말씀을 듣게 되어 우는지, 정확하게 알 수는 없지만, 율법의 말씀을 듣는 모든 백성들이 에스라가 전하는 말씀을 듣고 울었습니다.

"하나님의 율법책을 낭독하고 그 뜻을 해석하여 백성에게 그 낭

그러자 에스라는 오늘이 바로 7월 1일 성일, 즉 나팔을 불며 기뻐
하는 나팔절이라고 알려 줍니다. 나팔절은 기쁜 날이기 때문에 울
지도 말고, 슬퍼하지도 말고, 근심하지도 말라고 권면합니다. 그러
면서 오히려 여호와의 성일인 나팔절은 나팔을 불며 여호와를 기뻐
하는 날이기 때문에 오히려 눈물을 닦고 기뻐할 것을 촉구합니다.
그러자 느헤미야도 백성에게 똑같은 말을 합니다. 오늘은 나팔절,
주의 성일, 기쁜 날이기 때문에 여호와를 기뻐하라고 하면서 여호
와로 인하여 기뻐하는 것이 힘이라고 백성들에게 선포합니다.

"여호와로 인하여 기뻐하는 것이 너희의 힘이니라." 느헤미야의
외침인 동시에 느헤미야의 신앙 고백입니다. 얼마나 멋진 말입니
까! 유대인의 힘의 원천은 여호와라는 말입니다. 하나님의 선민인

유대인의 힘의 원천이 여호와라는 것입니다. 하나님의 택한 백성의 힘의 원천이 바로 여호와라는 것입니다. 낙망한 백성, 절망한 백성, 힘을 잃고 근심 중에 있는 백성들의 힘의 원천은 다른 것이 아니라 바로 여호와 하나님이며, 그분으로 인하여 기뻐하는 것이라고 고백합니다. 여호와 때문에 기뻐하는 것이 바로 너희의 힘이라고 합니다. 모든 일이 낙심되고 근심되고 내 뜻대로 풀리지 않더라도 여호와로 인하여, 여호와 때문에 기뻐하라고 백성에게 외치고 있습니다. 그렇게 될 때 우리가 힘을 얻게 된다는 말씀입니다. 여호와께서 이스라엘 백성을 위하여 하신 일로 인하여서, 그것을 생각하면서, 그것 때문에 기뻐하라고 합니다. 그렇게 되면 힘을 얻게 되고, 용기를 얻게 될 것이라는 말입니다.

여호와께서 유대인들을 위하여 어떤 일을 하셨습니까? 불가능하다고 여겨졌던 불타 무너진 성벽 수축공사를 52일 만에 완공하도록 하셨습니다. 주변국의 그 숱한 방해 공작에도 불구하고 52일 만에 예루살렘 성벽 수축공사를 완공하게 하신 여호와로 인하여 기뻐하라는 말입니다. 불가능한 일을 가능케 하신 그 여호와를 인하여 기뻐하라는 말입니다. 느헤미야가 이런 〈여호와 때문에〉, 〈여호와로 인하여〉 신앙을 가지고 살았습니다. 큰 근심과 낙심 중에도, 불가능한 절망의 상황 속에서도, 느헤미야는 여호와 때문에 기뻐하고 힘을 얻고, 여호와로 인하여 기뻐하고 힘을 얻는 삶을 살았습니다.

느헤미야는 유대인 3세로 페르시아에서 태어나고 페르시아에서 살았습니다. 선조들이 패전국의 포로라는 신분으로 바벨론 제국에

끌려왔고, 그리고 느헤미야는 페르시아에서 태어나 그곳에 살았습니다. 느헤미야는 멸망한 나라의 후손입니다. 힘없는 약소국의 후손입니다. 주권을 상실하고, 지금은 페르시아 총독의 통치를 받고 사는 식민지국가의 백성입니다. 이런 수치스러운 딱지를 안고 페르시아에서 살았습니다.

그러나 느헤미야는 이런 수치스럽고 부끄러운 삶 속에서도 절망하지 않았습니다. 그는 여호와 하나님이 자기 힘의 원천인 것을 일찍이 깨달았습니다. 그리고 그는 주어진 자신의 장벽 앞에 낙심하지 않고, 여호와를 바라보며, 여호와를 앙망하며, 여호와를 의지하며, 여호와 안에 소망을 갖고, 여호와로 인하여 기뻐하며 살았습니다. 그리고 결국 아무나 될 수 없는 페르시아 제국의 고위관료가 되었습니다. 그리고 그 자리에서 만족하지 않았습니다. 오히려 그 편안함과 안락함의 자리를 박차고 큰 근심과 절망 중에 있는 동족들이 있는 조국으로 자원하여서 총독의 신분으로 왔던 것입니다.

그렇지만 수도 예루살렘 성읍의 현실은 어떠했습니까? 느헤미야의 눈앞에 펼쳐진 유다와 수도 예루살렘 성읍의 현실은 절망 자체였습니다. 성벽은 불타 무너지고, 성문은 다 불타 버렸습니다. 완전히 무너진 곳이었습니다. 희망을 찾아 볼 수 없는 절망적인 상황이었습니다. 무너진 성도 문제였지만, 더 큰 문제는 백성들의 무너진 마음이었습니다. 의욕 상실과 패배주의로 완전히 그들의 마음은 무너져 있었습니다.

그러나 느헤미야는 이 불타 무너진 잿더미에서 절망적인 현실만 바라보지 않았습니다. 불가능을 가능케 하시는 여호와, 자신의 기도에 신실하게 응답하시는 여호와를 바라보았습니다. 다시 세우실 여호와의 능력을 바라보았습니다. 오직 여호와만을 바라보았습니다. 무너진 예루살렘 성읍을 세우실 여호와, 쓰러진 하나님의 백성들을 다시 세우실 여호와를 바라보았습니다. 이 절망의 순간에도, 이 낙심의 순간에도 그는 여호와를 바라보았던 것입니다.

이 열정에, 이 힘에 백성들이 감화를 받고, "이 사람은 우리를 부흥케 하는 자로다"라는 칭송을 받고, 무너진 그들의 마음을 감동하여 성벽을 짓도록 도전하고 용기를 심어주었습니다. 예루살렘으로 온 이후 느헤미야의 하루하루가 성일이요, 나팔절이었습니다. 절망 중에도 느헤미야는 여호와를 찬양했습니다. 말씀을 암송하며 그 말씀을 자신과 백성에게 선포했습니다. 자신의 나팔인 입으로 힘의 근원이요, 힘의 원천 되신 여호와께 기도하며, 여호와를 찬양하며, 여호와의 말씀을 자신에게 선포하며 무너지고 쓰러진 자리에서 일으켜 달라고 날마다 여호와를 찬양하고, 여호와를 부르짖었습니다.

지난 시간은 참으로 느헤미야에게 견디기 힘겨운 시간이었습니다. 말할 수 없는 고난과 고통의 시간이었습니다. 이처럼 자신에게 다가오는 괴로운 날에도 느헤미야는 여호와를 찬양했습니다. 날마다 쓰러진 자신을 세워주실 여호와를 기뻐하며, 찬양했습니다.

여러분의 지금 처한 자리가 어떤 자리입니까? 괴로운 자리입니까? 고난의 자리입니까? 고통의 자리입니까? 한숨짓는 자리입니까? 쓰러진 자리입니까? 가난의 자리입니까? 낙심의 자리입니까? 병든 자리입니까? 희망이라고는 보이지 않는 어둡고 깜깜한 자리입니까?

그 자리가 어떤 자리이든지 여호와로 인하여 기뻐해야 합니다. 여호와로 인하여 즐거워해야 합니다. 여호와로 인하여 소망을 가져야 합니다. 어떤 자리이건 상관없이 여호와를 찬양해야 합니다. 찬양의 나팔을 힘차게 불어야 합니다.

"쓰러진 나를 세우고 나의 빈 잔을 채우네/ 주 나의 모든 것, 예수 어린 양 존귀한 이름/ 예수 어린 양 존귀한 이름/ 약할 때 강함되시네"

참으로 귀한 찬양입니다. 제가 너무나 좋아하는 찬양 중의 하나입니다. 괴로운 날에도 여호와를 기뻐하며 여호와를 찬양하면 그 찬양의 나팔 소리를 듣고 여호와께서 기억하실 것입니다. 그 여호와께서 괴로움 중에 있는 사람을 찾아오실 것입니다. 찾아오셔서 다시 세우실 것입니다. 저와 여러분의 빈 잔을 채워주실 것입니다. 새 힘과 능력과 소망을 주실 것입니다. 그렇기 때문에 우리는 괴로운 날에도 여호와를 찬양해야 합니다.

"또 너희 땅에서 너희가 자기를 압박하는 대적을 치러 나갈 때에는 나팔을 크게 불지니 그리하면 너희 하나님 여호와가 너희를 기억하고 너희를 너희의 대적에게서 구원하시니라 또 너희의 희락의 날과 너희가 정한 절기와 초하루에는 번제물을 드리고 화목제물을 드리며 나팔을 불라 그로 말미암아 너희의 하나님이 너희를 기억하시리라 나의 너희의 하나님 여호와니라"(민 10:9-10).

우리가 여호와를 향하여 찬양의 나팔을 불 때에 여호와께서 당신의 백성들을 기억하십니다. 당신의 백성들을 압박하는 대적을 여호와께서 대신 물리쳐 주십니다. 당신의 백성들을 대적의 손에서 구원해 주십시다. 대적을 만날 때, 우리는 혼자가 아니라는 사실을 기억해야 합니다. 여호와께서 우리와 늘 함께 하십니다. 찬양하면 여호와께서 우리를 도우실 것입니다. 승리케 하실 것입니다.

여호사밧 왕이 모압과 암몬 연합군과 전쟁을 하게 되었습니다. 유다는 수적으로 상대가 되지 않았습니다. 여호사밧이 두려웠습니다. 유다 백성들이 금식하며 기도하며 여호와께 도움을 구했습니다. 그러자 여호와의 영이 기도하는 회중 가운데 한 사람인 레위 사람 야하시엘에게 임했습니다. "너희는 이 큰 무리로 말미암아 두려워하거나 놀라지 말라. 이 전쟁은 너희에게 속한 것이 아니요 하나님께 속한 것이니라. 내가 내일 너희와 함께 할 것이다. 너희들이 승리할 것이다"(대하 20:15).

이 예언을 듣자 레위 사람들이 여호와를 찬송합니다. 그리고 아침 일찍 일어나 노래하는 자들을 택하고, 예복을 입힙니다. 그리고 이 찬양대를 군대 앞에 세워 찬양하면서 전진합니다. 이 노래와 찬양이 시작될 때에 실로 놀라운 일이 일어납니다. 여호와께서 복병을 두어 유다를 치러 온 암몬 자손과 모압과 세일 산 주민들을 치게 하십니다. 결국 유다가 대승을 거두었습니다. 그리고 브라가 골짜기에 모여서 온 백성들이 여호와를 송축했습니다.

하나님의 백성들이 여호와를 찬양할 때에 어떤 일이 일어납니까? 여호와께서 우리 대신 적들을 무찔러 주십니다. 적들과 싸워주십니다. 우리 안에 있는 두려움을 사라지게 만듭니다. 염려와 근심과 걱정이 사라지게 만듭니다. 여호와께서 승리를 주십니다. 여러분, 괴로운 날에도, 두려운 날에도, 여호와를 기뻐하며, 여호와를 송축하며, 여호와를 찬양해야 합니다. 놀라운 일이 생기기 때문입니다. 승리의 기쁨이 찾아오기 때문입니다.

이스라엘 백성들이 가나안에 입성했습니다. 가나안 땅 입구에 난공불락의 여리고 성이 버티고 있었습니다. 이때 여호와께서 모세를 통해 말씀하십니다. 새벽에 하루에 한 바퀴씩 침묵하며 돌아라, 그리고 마지막 칠 일째는 일곱 바퀴를 돌아라, 그리고 마지막 일곱 바퀴째에 제사장들이 나팔을 불고 외치라고 했습니다. 그러자 마지막 일곱째 날 일곱 바퀴를 돈 후에 제사장들이 부는 나팔 소리가 들려옵니다. 그러자 백성들이 일제히 소리를 질러 외쳤습니다. 그러자 그 난공불락의 여리고 성벽이 무너져 내렸습니다. 그들은 힘의 원천이신 여호와를 부르짖을 수밖에 없었습니다. 그러자 여리고 성 성벽이 무너졌습니다.

가나안에 입성한 이스라엘 백성들만 여리고 성을 만납니까? 그렇지 않습니다. 우리도 세상을 사노라면 뜻하지 않는 난공불락의 여리고를 만납니다. 내 힘으로 도저히 무너뜨릴 수 없는 여리고 성, 내 힘으로는 도저히 뛰어 넘을 수 없는 여리고 성, 내 지혜로는 도저히 건널 수 없는 여리고 성을 만나게 됩니다. 이 절망의 순간, 이 좌절의 순간에 하나님의 백성이 할 수 있는 일은 단 하나, 나팔을 부는 일입니다. 찬양의 나팔을 힘차게 부는 일입니다. 그 순간 여호와께서 그 찬양의 소리를 들으시고, 우리 앞에 놓여 있는 여리고 성을 무너뜨려 주실 것입니다.

다윗이 고난의 자리에서 여호와를 기뻐했습니다. 여호와는 나의 힘이라고 고백했습니다. 그리고 고난의 자리에서 여호와를 기뻐하며 찬양의 나팔을 불었습니다.

"여호와는 압제를 당하는 자의 요새이시요 환난 때에 요새이시로다 여호와여 주의 이름을 아는 자는 주를 의지하오리니 이는 주를 찾는 자들을 버리지 아니하심이니이다 너희는 시온에 계신 여호와를 찬송하며 그의 행사를 백성 중에 선포할지어다"(시 9:9-11).

예레미야 선지자가 눈물과 고난의 자리에서 여호와를 기뻐했습니다. 여호와를 앙망했습니다. 그리고 여호와를 향해 찬양의 나팔을 힘차게 불렀습니다.

"여호와의 인자와 긍휼이 무궁하시므로 우리가 진멸되지 아니함이니이다 이것들이 아침마다 새로우니 주의 성실하심이 크시도소이다 내 심령에 이르기를 여호와는 나의 기업이시니 그러므로 내가 그를 바라리라 하도다"(애 3:22-24).

참으로 귀한 고백입니다. 예레미야 선지자가 아침마다 여호와께 찬양의 나팔을 불었을 때에 그가 처한 자리는 어떤 자리였습니까? 고난의 자리였습니다. 나라가 멸망하여 오갈 때가 없었고, 적국의 포로로 잡혀갔습니다. 이런 무너진 잿더미에서 예레미야는 아침마다 여호와의 자비와 인자하심을 바라보며 찬양의 나팔을 불었던 것입니다. 그 힘으로 하루를 새 날로 만들어 갔습니다.

인생은 하루요, 하루는 인생입니다. 크고 작은 시냇물이 연결되어 강이 만들어지듯이 인생도 마찬가지입니다. 하루가 연결되어 인생이 되는 것입니다. 칠십, 팔십의 인생이 됩니다. 하루가 칠십이요, 팔십입니다. 칠, 팔십 년이 하루입니다. 하루를 승리하면 전 인생을 승리하는 것입니다. 하루를 실패하면 전 인생을 실패하는 것입니다. 하나님은 우리에게 하루를 주십니다. 하루, 하루를 선물로 주십니다. 24시간을 저와 여러분에게 선물로 주십니다.

하루를 어떻게 시작하시렵니까? 고난의 자리라고 자포자기의 나팔을 불며 시작하시겠습니까? '내일이 또 있지, 내일 하지.' 라고 하면서 게으름의 나팔을 불며 시작하시겠습니까? 한숨과 우울의 나팔, 후회와 탄식의 나팔, 증오와 미움의 나팔, 부정과 절망의 나팔, 탐욕과 게으름의 나팔, 쾌락과 이기심의 나팔, 원망과 불평과 투정의 나팔을 불며 시작하시겠습니까? 아니면 기쁨과 소망의 나팔을 불며 하루를 시작하시겠습니까? 전적으로 우리 각자의 선택에 달려 있습니다. 하루의 결단이 인생이란 작품을 결정합니다. 절망의 순간에도, 고난과 낙심의 순간에도 여호와로 말미암아 기뻐하며 찬양의 나팔을 매일 불어야 합니다.

"또 여호와를 기뻐하라 그가 네 마음의 소원을 이루어 주시리로다 네 길을 여호와께 맡기라 그를 의지하면 그가 이루시고 네 의를 빛같이 나타내시며 네 공의를 정오의 빛같이 하시리로다"(시 37:4-6).

성공과 편안함의 환희는 잠깐입니다. 이것은 곧 무료함과 허무, 그리고 또 다른 삶의 압박으로 바뀝니다. 삶의 투쟁과 치열함으로 인한 도전과 기대도 잠깐, 새로운 삶의 도전과 치열함은 우울과 절망과 낙심으로 바뀌는 것이 우리네 인생입니다. 이런 무료함과 압박, 우울과 절망, 허무, 치열한 삶의 도전이 밀물과 썰물처럼 교차되는 우리의 숨 막히는 일상 속에서 어떤 나팔을 불며 살아야 합니까?

욕망이라는 인간의 우물을 채울 것은 세상에 아무것도 없습니다. 채워도 채워지지 않는 것이 욕망이라는 인간의 샘입니다. 여호와 하나님만이 인간에게 참 만족과 기쁨을 줄 수 있습니다. 여호와 하나님을 나의 만족과 기쁨으로 삼아 날마다 찬양의 나팔을 불 때, 우리 안에 천국의 기쁨과 감사로 채워질 것입니다.

7월 1일 나팔절 수문 앞 광장에 모인 유다 백성들의 슬픔과 눈물이 변하여 감사와 기쁨이 되었습니다. 눈물 없이는 갈 수 없는 광야의 인생, 사망의 음침한 골짜기의 여정 속에서도 매일을 나의 나팔 절을 삼아 주님과 동행하는 기쁨과 복을 누리는 삶을 우리 함께 만들어 가십시다. 괴로운 날에도 찬양의 나팔을 힘차게 불며 전진하십시다. 우리 앞에 승전보가 높이 울려 퍼질 것입니다. 할렐루야!

어릴 적 꿈 없이 자란 저에게 성경은 저의 가장 사랑하는 친구였습니다. 성경을 통해서 받은 은혜와 위로는 말로 다 할 수 없는 은총이었습니다. 성경 속에 역사하시는 주님을 만나지 못했다면 '나의 인생이 어떻게 되었을까.' 라는 생각을 자주 합니다. 목사가 되었다는 것도, 주님의 몸 된 교회의 목자가 되었다는 것도 모두 저에게는 주님의 은혜입니다. 지금도 그 은혜와 사랑의 힘으로 하루하루를 감격하며 살아가고 있습니다.

속히 천국에 가고 싶다는 마음이 간혹 듭니다. 삶이 힘들어서 그런 것이 아니라, 삶이 너무 행복해서 그렇습니다. '도대체 천국이란 어떤 곳일까?' 이런 생각을 자주 합니다. 강단에 설 때마다 두렵고 떨리는 마음으로 섭니다. '도대체 나란 존재가 무엇이기에 이렇게 강단에서 거룩하신 하나님의 말씀을 전할 수 있단 말인가?' 자문하며 벅찬 가슴을 안고 강단에 섭니다.

삶의 좌절 가운데 있을 때, 나도 매 주일 강단에서 설교를 하면 좋겠다는 소망을 가진 적이 있습니다. 그때는 그렇게 매 주일마다 설교하시는 목사님이 부러웠습니다. 그런데 그 꿈이 이루어졌습니다. 이에 매 주일마다 여러 차례 강단에서 말씀을 전하게 되었습니다.

느헤미야서를 붙잡고 매 주일마다 씨름하였습니다. 도대체 어떻게 설교를 해야 할지 많은 고민을 하였습니다. 기도하는 것 밖에 없었습니다. 주님의 도움을 청하는 것 밖에 없었습니다. 성령님께서 말씀 속에서 영감 주시는 대로 준비하여 성도들과 함께 나누었습니다. 그러나 그 누구보다 저 자신이 가장 큰 은혜를 받았습니다. 왜냐하면 그 말씀은 모두 저를 향한 말씀이었기 때문입니다.

성령님께서 동도교회로 부임하기 전에 마음속에 느헤미야서에 대한 꿈을 주셨습니다. 기도할 때마다 이 말씀을 가지고 설교를 해야 한다는 부담감을 주셨습니다. 결국 주님께서 왜 이 설교를 부임 초기에 하게 하신 이유를 목회하면서 깨닫게 되었습니다. 완전한 때(Perfect time)였습니다. 담임목사로서의 목회 경험이 부족한 저에게 이 말씀은 큰 힘과 버팀목이 되어 주었습니다. 뜻하지 않는 목회의 시련 중에 이 말씀이 저를 꽉 붙잡아 준 것입니다. 그러기에 목회자에게 설교는 목회 현장을 견디게 해주는 힘인 것입니다.

앞으로 글을 통해서 여러분을 만날 때는 좀 더 성숙된 모습으로 만나도록 힘쓰겠습니다. 부족한 글을 끝까지 읽어주신 여러분에게 진심으로 감사를 드립니다. 오늘 우리 시대 느헤미야와 같은 영적 지도자로서 우리 모두가 주님 앞과 세상 앞에 세워지면 좋겠다는 소망으로 글을 맺으려 합니다. 저와 동도교회를 위해 계속적인 관심과 기도를 부탁드립니다.

봄의 어느 날
제기동 목양실에서
2013. 4. 18
존경과 사랑을 담아 옥광석 목사 드림

난 그렇게 죽었다

■

초판 1쇄/ 2013년 7월 10일

■

지은이/ 옥광석
펴낸이/ 설규식
펴낸곳/ 도서출판 첨탑
서울 종로구 연지동 기독교연합회관 1309호
☎ (313)1781
FAX · (392)4231
E-mail · CTP781@hanmail.net

■

출판등록번호/ 제 10-2171호
출판등록일/ 2001.6.19
책번호/ 075
파본은 교환해 드립니다.
이 출판물은 저작권법으로 보호 받는 저작물이므로
무단전제나 무단복제를 할 수 없습니다.
ISBN 978 89-89759-75-1 03230
Printed in Korea